En el
umbral
de la
luna llena

El umbral de la luna llena
D.R. © 2024 | Juan Cruz Nieto
Todos los derechos reservados
1a edición, 2024 | Editorial Shanti Nilaya®
Diseño editorial: Editorial Shanti Nilaya®
Imagen de portada: Selina Cruz Jacinto

ISBN | 978-1-963889-06-2
eBook ISBN | 978-1-963889-07-9

La reproducción total o parcial de este libro, en cualquier forma que sea, por cualquier medio, sea éste electrónico, químico, mecánico, óptico, de grabación o fotocopia, no autorizada por los titulares del copyright, viola derechos reservados. Cualquier utilización debe ser previamente solicitada. Las opiniones del autor expresadas en este libro, no representan necesariamente los puntos de vista de la editorial.
El proceso de corrección ortotipográfica de esta obra literaria fue realizado por el autor de manera independiente.

shantinilaya.life

En el umbral de la luna llena

Juan Cruz Nieto

EDITORIAL
SHANTI NILAYA

Dedicado con el mismo cariño con que ella me indujo a las letras…, para mi profesora Abrahana Rasgado Ruiz, donde quiera que se encuentre…

En memoria de mi querido profesor y amigo Ovidio Pacheco López, el hombre que fue capaz de romper mi inhibición para publicar mis escritos…

PRÓLOGO

Vivir en el paradisíaco Istmo de Tehuantepec permite a sus pobladores apreciar la vida de diferente manera. En ella existen momentos cotidianos que se vuelven mágicos, es el reflejo de los pueblos que cuentan historias que la vida y las costumbres van moldeando en el barro de la tierra.

Esta obra de Juan Cruz Nieto, que amalgama distintos relatos son atrapados con suma habilidad, como quien lanza una atarraya en el mar y obtiene abundante pesca.

Cada relato guarda la memoria del tiempo, nos habla de las fiestas, pasión, secretos y a través del romanticismo nos lleva a realizar un recorrido por lugares insospechados, en donde la poesía se mezcla con el realismo de grandes amores.

Son momentos sublimes, sutiles que arropan a personajes, a veces llenos de alegría; otras, con desaliento y desenlaces trágicos llenos de pasión, como el relato de "Los delirios de María Vidaña."

En esta obra el escritor Juan Cruz Nieto, seguramente logrará que el lector se adentre en las escenas del diario vivir donde traspasa el "Umbral de la Luna Llena" para seguir contando relatos muy interesantes y muy a su magistral estilo de escribir, que obligadamente nos transporta a un mundo de ensueño y nos lleva a otros sueños.

Aquí el amor, el desamor y la pasión se desbordan de una manera magistral que va hilvanando y tejiendo en cada historia que nos asombra y están aderezadas de poesía.

En los surcos que deja cada herida, se van adentrando las raíces que penetran el alma, como "La Broza", "Epílogo de un Idilio" o "El amor en tiempos del WhatsApp" contenidas en esta entrega literaria.

Conozco a Juan Cruz Nieto desde hace muchos años y tiene la gracia de cantar poesía mientras escribe cada relato, les va dando color y los matiza de emociones y odas. Las envuelve con paisajes del lugar. Esto nos induce a valorar las tradiciones y costumbres, en este oficio de ser un encantador de cuentos. Escribe mostrando las huellas del alma, del interior basadas en la imaginación y en un realismo que nos atrapa y nos seduce.

Heteo Pérez Rojas
(Pintor en Artes Plásticas)

LOS DELIRIOS DE MARÍA VIDAÑA

*"Cómo, me dan pena las abandonadas,
que amaron creyendo ser también amadas..."*
(Julio Sesto)

Todos los días la vi pasar por las calles de esa ciudad bañada por la brisa de la mar y con sabor a salitre, por esa calle tan corta en distancia, pero tan larga en historia, aunque ni siquiera llega a ser calle. Salía de una casita ubicada en el callejón Héroes de la Marina, hasta llegar a Mazatlán, doblaba a su izquierda y luego tomaba Cinco de Mayo, pasaba frente al mercado Ignacio Zaragoza y seguía su camino rutinario…, todos los días de su casa a la iglesia, de la iglesia a su casa…, todos los días balbuceando lo mismo, soñando lo mismo, en espera de lo mismo: El hombre que nunca volvió...

<En el nombre del Padre, del Hijo y del Espíritu Santo...>
<Amen...>
<Jesús, El Señor, que nos reúne en torno a su mesa, esté con vosotros...>
<Y con su espíritu...>

Y su balbuceo eran remansos de amor:

"¿Te acuerdas, amado mío, cuando nos conocimos? Ibas con tu clásico traje de marinero, fue en el Studio 24 del Bally Hi, donde bailamos hasta el amanecer, mientras mi madre adormitaba desde la mesa que reservamos para la ocasión. Bailamos 'Entre Candilejas', 'Solamente

una vez', 'Luna de octubre', entre otras. Fue mi amiga Alicia quien nos presentó y desde un principio me flechaste. Recuerdo que me dijiste: 'mucho gusto en conocerte María bonita', yo me sonrojé y me puse colorada como la piel de un tomate. Después salimos al balcón a tomar el aire fresco de la madrugada, mientras la gente comenzaba a transitar por la calle Guaymas rumbo al mercado. De repente rompiste el silencio diciéndome con porte ceremonioso, pero en susurro:

<Me gustas cuando callas porque estás como ausente,
y me oyes desde lejos, y mi voz no te toca.
Parece que los ojos se te hubieran volado
y parece que un beso te cerrara la boca...>"

"Luego me dijiste que era una estrofa del poema XV de Pablo Neruda, tu poeta favorito y yo quedé prendida de ese detalle, sentí que flotaba en las nubes de la vorágine de la noche y me perdí entre la profundidad de tus ojos infinitos que por la oscuridad no me di cuenta que eran de color miel. El otro día, luego, luego, llegué a 'El Buen Tono' y allí compré <20 Poemas de Amor y una Canción Desesperada> de Pablo Neruda y se convirtió en mi libro de cabecera... ¿Te acuerdas amado marinero? Tú tenías 32 años y yo estaba por cumplir 26 y era a principio de abril, en los preludios de la semana santa. Quedamos de ir a bañarnos a La Ventosa y que yo me pondría un traje de baño. Así comenzó aquella hermosa aventura de nuestro amor y desamor, entre rosas y espinas, con tus llegadas, tus ausencias y tu imperioso olvido, que fue el quien al final ganó."

"¡Escucha príncipe marinero! La misa ha comenzado, escucha:

<Hermanas y hermanos, para celebrar dignamente estos sagrados misterios, pidamos en silencio la misericordia de Dios...>
<Vamos a decir todos...>
<Yo confieso ante Dios todo poderoso y ante vosotros hermanos, que he pecado mucho, de pensamiento, palabra, obra y omisión. Por mi culpa, por mi culpa, por mi grande culpa, por eso ruego a

Santa María siempre virgen, a los ángeles, a los santos y a vosotros hermanos, para que intercedáis por mí, ante Dios Nuestro Señor...>
<El Señor tenga misericordia de nosotros y nos lleve a la vida eterna...>
< ¡Amén!>

"Llegaste a mi vida precisamente cuando más te necesitaba, cuando menos te esperaba, como un rayo de luz en la inmensidad de la noche o como una tierna melodía que rompe el himen del silencio. Me dijiste que yo era como una botella de vino completamente sellada y la llave para entrar por la rendija de mi corazón fue un filamento de amor que se filtró por la sinuosidad de mis sentimientos y descubrí que tu alma diáfana es como un mezcal joven: claro, embriagador y con la dosis de euforia para ahuyentar las penas que me acongojaban perennemente..."

"Llegaste a mí, como el último tren que se detiene en la estación de la esperanza y sin pensarlo, me subí por los peldaños de ilusión y descubrí un pequeño mundo encapsulado por el bostezo de la alborada, la iluminación del cenit y el reflejo del ocaso sobre el espejo del océano..."

"Así, pienso en ti por escrito, en voz alta, entre sueños, en el crepúsculo, en la aurora, entre las brisas de la mar y en cada suspiro de la eternidad..., sueño contigo dormida, despierta y en cada bostezo. Conjugo contigo el verbo amar, sólo en presente, pues el pasado se lo llevó el viento y el futuro es una entelequia disfrazada de hombre vestido de negro frente a un altar".

<Gloria a Dios en el cielo y en la tierra paz a los hombres que ama El Señor...>
<Gloria, gloria, aleluya,
gloria, gloria, aleluya,
gloria, gloria, aleluya,
en nombre del Señor...>

A fuerza de verla todos los días, la fui conociendo, entendí el idioma de su balbuceo, comencé a admirarla y a reconocer su belleza que ni el tiempo había podido carcomer. María..., María Vidaña, deambulaba todos los días de su casa a la iglesia, de la iglesia a su casa, vestida de blanco, con el velo sobre la cara, diáfana como el agua que emana de las arterias del alcor después de la lluvia. Siempre con su rosario en la mano derecha y en la izquierda una biblia con pasta color blanco, impecablemente blanco, como el color de su alma y con el olor de aquél amor que ella esperaba entre ese balbuceo de dos eternidades, aquel amor que nunca volvió, pero que se quedó perenne como el tatuaje de un sueño dentro de su alma....

"Este fue el primer poema que me regalaste, ¿te acuerdas, príncipe marinero? Y me dijiste que era de tu propia inspiración:

ESPÉRAME

Cuando llegue la preciada hora,
en que abras tu corazón al amor,
como la noche le abre paso a la aurora,
no lo hagas sola, espérame por favor.

Cuando llegue ese dulce momento,
en que tú esperes el delicado encuentro,
de alguien que sea la otra parte de ti,
espérame, yo también deseo ser feliz.

Cuando de tu jardín floreciente,
brote el primer aroma de tu rosa,
espérame y, por favor, se paciente,
para esa rosa, quiero ser la mariposa.

Cuando en tu alma brille una luz de alegría,
cual resplandor de una preciosa gema,
y desees oír las notas de una tierna melodía,
espérame, para cantarte todos mis poemas.

Espérame, mujer de ojos color del universo,
tierna como el sereno que viaja desde el cielo,
espérame, mujer mansa como la huella de un verso,
quiero dormir en tu regazo con delicia de terciopelo..."

<Primera lectura del libro del profeta Amós: 6,1 4-7: Esto dice el Señor todopoderoso: ¡Ay de ustedes los que se sienten seguros en Sion y los que ponen su confianza en el monte sagrado de Samaria! Se reclinan sobre divanes adornados con marfil, se recuestan sobre almohadones para comer los corderos del rebaño y las terneras en engorda. Canturrean al son del arpa, creyendo cantar como David. Se atiborran de vino y se ponen los perfumes más costosos, pero no se preocupan por las desgracias de sus hermanos..., palabra de Dios>
"¡Te alabamos Señor...!"

De tanto verla y oírla, me aprendí de memoria su figura y su melodía, ese susurro lúcido y extraviado que nadie entendía, sólo yo..., acaso porque entiendo el idioma de las huérfanas de amor o porque descubrí en María Vidaña la verdadera esencia del amor primaveral. Acaso porque descubrí que ese tartajeo delirante era la desnudez de la poesía en cuerpo entero.... Acaso porque la propia María Vidaña era la misma poesía que vagaba por las calles de la quimera, esas calles tan largas en la fantasía y tan cortas en la realidad...

"Aquí estoy amado mío, esperándote, como quedamos, con la virginidad en la puerta de mis entrañas y con mis labios resecos como Playa Abierta; a lo lejos escucho la banda con la singular marcha <Besos y Cerezas>, el carrizo de un cohete se ha perdido entre las ramas

del pochote... ¡Ave María purísima sin pecado concebido...! Oigo el <¡que vivan los novios!> de las damas con sus jicapextles llenas de banderitas con papel de china en la mano y Lema, Pijín y Cola —en coro desde una acera gritan: ¡Parientes de mala gana, hoy quiero, no mañana...! ¡Qué vivan los novios! ¡Beso, beso, beso!"

En su mente pasa el texto bíblico Cantar de los Cantares:

**La voz de mi amado.
Mirad: ya viene, saltando por los montes,
brincando por las colinas;
mi amado es una gacela, es como un cervatillo.
Se ha parado detrás de mi tapia;
atisba por las ventanas, observa por las rejas.
Mi amado me habla así:
<Levántate, amada mía, hermosa mía, ven a mí.
Paloma mía que anidas en los huecos de la pena,
en las grietas del barranco, déjame con tu figura>.
Mi amado es para mí y yo para él.
Ponme como sello sobre tu corazón,
como un sello en tu brazo.
Porque el amor es fuerte como la muerte;
el celo, obstinado como el infierno.
Sus saetas son saetas de fuego.
Las grandes aguas no pueden apagar el amor
ni los ríos arrastrarlo.**

Así pasaron los días, los meses y los años; pero el tiempo de María Vidaña está detenido en la estación de la espera; atenta a la llegada de su amor marinero, su apasionado conquistador, su hombre perfecto; en tanto, canta, reza, implora, llora y balbucea..., balbucea el lenguaje del amor y del desamor...

"El día que pediste mi mano, también te ofrecí mi alma entera, mi cuerpo, mi pureza, mi todo..., ese regalo guardado durante 29 años en el cofre de mis secretos especialmente para ti, amado mío; que cuando tocaste mi mano por vez primera supe que eras el hombre de mis sueños porque sentí como tus sentimientos se fueron metiendo por todas las hendiduras de mi alma en filamentos de amor..."

"En mis cavilaciones lúcidas, recuerdo el fragmento de Farewell de tu San Pablo Neruda:

> Para que nada nos amarre,
> que no nos una nada.
> Ni la palabra que aromó tu boca,
> ni lo que no dijeron las palabras.
> Ni la fiesta de amor que no tuvimos,
> ni tus sollozos junto a la ventana..."

"Entonces caigo en la cuenta de que tus intenciones no eran buenas y como todo marinero me considerabas como un amor efímero, como un telón de nube que danza frente a la luna..., pero luego desecho ese absurdo pensamiento porque las promesas plasmadas en tus epístolas, tienen el semblante de la franqueza. Me acuerdo muy bien que me decías:

"Vamos a perdernos María Vidaña, por los andenes de la euforia, sin límite de tiempo, sin memoria, con la mirada de la luna llena, vámonos en mi barca a una isla lejana y deshabitada, en los regazos de la madrugada y en el lecho de la tibia arena; vámonos muy lejos María mía, donde no nos aten las cadenas, donde no nos alcancen las penas, ni el desamor, ni la melancolía... Ven a mi mundo sólo para dos, ponte el traje de la magdalena y baila conmigo bajo la luna llena, como si yo fuera el hijo de un dios; vámonos lejos de todas las miradas, envueltos en el silencio nocturnal, en un lugar sin Dios, ni bien, ni mal, vamos a perdernos, amada María Vidaña... Y en la

penumbra de la luna tierna, tú empiezas por el andén de mi espalda, y yo sin intentar quitarte la falda, terminaré en el vórtice de tus piernas…, vámonos María, mujer buena, que nos atrape el éxtasis del champán, yo comenzaré con la maestría de Don Juan y tú terminarás con la lujuria de Magdalena…"

<Segunda lectura de la primera carta del apóstol San Pablo a Timoteo 6, 11-16: Hermanos; Tú, como hombre de Dios, lleva una vida de rectitud, piedad, fe, amor, paciencia y mansedumbre. Lucha en el noble combate de la fe, conquista la vida eterna a la que has sido llamado y de la que hiciste tan admirable profesión, ante numerosos testigos. Ahora en presencia de Dios, que da vida a todas las cosas y de Cristo Jesús, que dio tan admirable testimonio ante Poncio Pilato, te ordeno que cumplas fiel e irreprochablemente todo lo mandado, hasta la venida de nuestro Señor Jesucristo…, palabra de Dios.>
< ¡Te alabamos Señor!>

María Vidaña sigue en el impasible frío del abandono, toma un libro, lo abre, busca en las páginas y lee "Hagamos un trato" de Mario Benedetti:

<Si alguna vez adviertes
que te miro a los ojos
y un veto de amor
reconoces en los míos,
no pienses que deliro,
piensa simplemente
que puedes contar conmigo.
Si otras veces
me encuentras huraño, sin motivo,
no pienses que es flojera,
igual puedes contar conmigo.
Pero hagamos un trato:
yo quisiera contar contigo,
es tan lindo saber que existes,
uno se siente vivo.

Y cuando digo esto,
no es para que vengas
corriendo en mi auxilio
sino para que sepas
que tú siempre puedes contar conmigo.>

"Cuando llegabas al puerto, todas las tardes te esperaba, con mi mejor atuendo que yo misma confeccionaba en mi máquina de coser, con la aguja de la ilusión que producían puntadas de esperanzas en cada retazo de tela. Soñaba con el momento en que delicadamente bajarías el cierre de mi vestido, para que tus dedos navegaran por las llanuras de mi espalda y tus ojos se encontraran con la desnudez de mi cuerpo recorrido únicamente por el agua y el jabón. Mi cuerpo cuidado delicadamente para ti, guardado como si fuera una paloma blanca entre las manos de un serafín. Era el mejor regalo que una mujer le podía entregar a un hombre en su luna de miel, sin vestigios del pasado, sin manchas. En dos palabras: Pureza certificada..."

"¿En dónde quedaron tus palabras, amado marinero? ¿Por dónde se esfumaron tus promesas? Tus canciones, tu poesía, tu sentido del humor, tu voz, tus ojos de miel, ¿dónde están? Yo aquí te sigo esperando, como quedamos, está lista la misa, el organillero y las campanas están atentas a tu llegada, sé que vienes en travesía, sorteando algún vendaval; a lo lejos —como revolcado por el viento- escucho el pitido de algún barco, eres tú quien viene a bordo ya vestido de galán, listo para nuestra unión. ¿Y yo? Estoy repleta de alegría, vestida de blanco, escrupulosamente maquillada, guantes y un tulipán rojo en mi cabeza; lista para cuando llegue la hora en que el párroco diga: <Lo que Dios une, no lo separe el hombre...> También está listo Guayo, el fotógrafo, quien se hará cargo de que las tomas salgan impecablemente, nos llevará a su estudio para la fotografía que vamos a enmarcar y ponerlo en la sala de nuestra casa, pero también quiero que nos tomemos una en el muelle, que tenga de fondo tu barco, ese barco que

ha sido nuestra celestina y testigo silencioso de las tantas cartas que me has escrito. ¿Me oyes, amado marinero? ¿Me oyes, amor mío?

Se sienta, pone ambas manos sobre sus sienes y claramente escucha la Rima XCI "Podrá nublarse el sol eternamente" de Gustavo Adolfo Bécquer:

**Podrá nublarse el sol eternamente;
podrá secarse en un instante el mar;
podrá romperse el eje de la tierra
como un débil cristal.**

**¡Todo sucederá! Podrá la muerte
cubrirme con su fúnebre crespón;
pero jamás en mí podrá apagarse
la llama de tu amor…**

"¡Que se oigan los cohetes, que la banda no deje de tocar, cuidado con mi vestido, no lo vayan a manchar! ¿Dónde están mis chambelanes? Hagan una valla para que él pueda pasar…, alto, alto, esa música es inapropiada, ¿por qué la multitud repite: Y los muchachos del barrio le llamaban loca de José Luis Perales? Traigan las arras, el lazo y los cojines; por favor mamá, no lo vayas a regañar, no es su culpa; su retraso se debe a los caprichos del mar. <Oiga señor, ya lo ves, yo no estoy loca, estuve loca ayer, pero fue por amor…>"

<Lectura del Santo Evangelio según San Juan…>
<Gloria a ti, Señor…>
<Por aquel tiempo se celebraba una boda en Caná de Galilea, cerca de Nazaret, y estaba allí la madre de Jesús. Fue invitado también a la boda Jesús con sus discípulos. Y, como faltara el vino, le dice su madre a Jesús: «No tienen vino». Jesús le responde: «Mujer, ¿qué nos va a mí y a ti? Todavía no ha llegado mi hora». Dice su ma-

dre a los sirvientes: «Haced lo que él os diga..., palabra del Señor>
< ¡Gloria a ti, Señor Jesús!>

Y en lo más recóndito de sus desvaríos escucha la voz de su amado marinero que le canta al oído los versos de Neruda:

> Amo el amor de los marineros
> que besan y se van.
> Dejan una promesa.
> No vuelven nunca más.
> En cada puerto una mujer espera:
> los marineros besan y se van.
> Una noche se acuestan con la muerte
> en el lecho del mar.
> Amo el amor que se reparte
> en besos, lecho y pan.
> Amor que puede ser eterno
> y puede ser fugaz.
> Amor que quiere libertarse
> para volver a amar.
> Amor divinizado que se acerca
> Amor divinizado que se va...

"¿Te acuerdas marinero? Aquella tarde en que estábamos frente a frente y me tomabas de la mano, entonces con tu voz gallarda me pediste un beso, era la primera vez que en mis labios se posaría un ósculo encendido con la brasa del placer, yo cerré los ojos y sentí la cercanía de tu aliento, justo cuando mi madre nos interrumpió con las tazas de café, entonces mis labios se quemaron, no con tus besos sino con el temperamento de la bebida. Fue lo más cercano que estuvieron nuestras almas en un contacto físico; por eso debes volver, para apagar ese fuego que hiciste juntando la lumbre con cascaritas de ilusiones, versos y canciones."

En el umbral de la luna llena | 19

"Aquí te estoy esperando amado mío, como la luna espera el anochecer, casi desnuda, solo con mi negligé color púrpura y debajo de él te esperan un par de conspicuas colinas donde podrás subir y bajar con la exquisitez de tu secreción, sin límite de tiempo; luego podrás recorrer flemáticamente el boulevard de mi abdomen, estacionarte en mi vientre y estoy seguro que el aroma de mi pubis te incitará a traspasar esa fuente sellada cuyo néctar está destinado a mitigar tu sed; entonces cantaré a tus oídos mi primera canción de placer, a capela y la escucharás como si fuera el suspiro de las marejadas cuando terminan sobre las rocas. Entonces no habrá necesidad de volver a casa, ante la espera de mamá, todas las noches serán nuestras, todos los días, todas las madrugadas, mi cuerpo será tuyo y yo me amoldaré al tamaño de tu virilidad..."

"Oye marinero ¿Por qué no me has vuelto a escribir? Esta carta me gusta mucho, sobre todo aquí donde dice: 'María, María Vidaña, nacida del viento, causal de este amor que yo siento, espero con ansiedad el mes de mayo para llevarte a bailar al baile velorio de la fiesta pueblo, te llevaré del brazo bajo el sereno de la noche estrellada y la luna te retratará con tu traje regional. Bailaremos La Llorona: <Salías del templo un día, llorona, cuando al pasar yo te vi... Hermoso huipil llevabas, llorona, que la virgen te creí...> Y a la media noche, El son del Ombligo cantada por Chú Gancho para terminar con el son de la tortuga, esa que dice:

¡Ay, ay, bigu xhi pé scarú
jma pa ñaca me guiña dó
jma pa ñoo me ndani zuquii
nanixha ñahua laame yanna dxi!
(¡Ay, ay, tortuga, qué linda
pero mejor en un mole
pero mejor asada en un horno
qué rico si me la comiera hoy!)

Bailaremos María Vidaña, bailaremos hasta el amanecer..., al lado de Licha Romero, Julia Paulo, La Chipionera y Silvia Gallegos..."

"Y así fue, bailamos hasta el amanecer ese 12 de mayo, no nos importó la lluvia que caía a cántaros, lo importante era estar con él, moverme a su ritmo, oír su respiración, oler su aroma, mirarme en sus ojos color de miel, de los que me enamoré desde el primer día que lo conocí. Bailamos en las velas de Juchitán, en la fiesta de San Pedro Huamelula y terminamos bailando música de banda en el xhibeo de Santa Rosa..."

"Y mi alma se sigue condenando, oh marinero, <pequeño marinero> me corregías y entonces me cantabas esa canción <Pequeño Marinero> de José Luis Perales, que de tanto escucharla me aprendí unas estrofas:

...Hoy siento no poder cantarte
una canción de amor...,
...hoy he visto un velero sin marinero
y a la deriva jugaba
con las olas y se reía y se reía.
Y en una playa una mujer de luto lloraba
por la vida que no dio fruto, que no dio fruto..."

"Y digo que mi alma se sigue condenando porque pienso que tu plan sólo era ilusionarme, me convertiste en una soñadora, en una pescadora de ensueños y luego me abandonaste. ¡Respóndeme! ¿Cuál era tu plan, marinero? En efecto, soy una mujer de luto que no dio frutos, pero te sigo esperando casta, limpia, pura a toda prueba, para entregarme a ti a bordo del barco que tú me has dicho que será nuestro nido en la luna de miel. ¡Ven, príncipe marinero! Mi último tren, culpable de todas mis alucinaciones, dueño de mis noches de insomnios y de mis tantas madrugadas..."

"¿Escuchas amado mío? Oh, espera marinero, no hagas ruido y solo escucha lo que dice el sacerdote; yo lo escucho muy bien, ha empezado la liturgia sagrada:"

<Novio y novia ¿vienen a contraer matrimonio sin ser forzados, libres y de manera voluntaria?

Ella responde eufórica: "¡Sí, venimos libremente!"

< ¿Están decididos a respetarse y amarse siguiendo la vida del propio matrimonio, durante el resto de su vida?>
"¡Sí, estamos decididos...!"
< ¿Están dispuestos a recibir de Dios responsable y amorosamente los hijos, y a educarlos según la ley de Cristo y de su Iglesia?>

María Vidaña casi grita al contestar: *"¡Sí, estamos dispuestos, padre...!"*
Y se pone radiante cuando escucha en la voz del sacerdote:

< ¿María Vidaña, aceptas por esposo a....?>
"¡Qué lindo!, ¡si acepto, sí acepto!, ahora pregúntale a él, padre, quiero escucharlo de su propia voz... ¡Pariente de buena gana, hoy quiero no mañana!"
<Lo que Dios une no lo separa el hombre...>

De pronto su actitud cambia, suelta el llanto, se cubre la cara, se arrodilla, mira al cielo y escucha entre sollozos:

<Oren hermanos, para que este sacrificio mío y de vosotros, sea agradable a Dios, Padre todopoderoso...>
<El Señor reciba de tus manos este sacrificio, para alabanza y gloria de su nombre, para nuestro bien y el de toda su santa iglesia...>

Muy en el fondo de sus deslumbramientos escucha al coro de la iglesia que canta:

<Es mi cuerpo, tomad y comed,
es mi sangre, tomad y bebed,
porque yo soy vida, yo soy amor,
oh señor, nos reuniremos en tu honor...
El señor nos da su amor como nadie nos lo dio,
Él nos guía como estrella en la inmensa oscuridad.
al partir juntos el pan, Él nos llena de su amor,
pan de Dios, el Pan comamos de amistad.>

Luego se levanta y sigue delirando. En el fondo de su delirio se escucha la voz de David Haro cantando <La llamaban Loca> de José Luis Perales.

"Marinero, el día que entraste a pedir mi mano, fue el más hermoso de mi vida, aunque no hubo cohetes, ni música ni cervezas porque tus padres no pudieron venir, yo me sentía muy feliz a mis 29 años. Tampoco hubo fiesta de despedida de soltera, porque no quise arriesgarme de que una amiga me fuera a hacer una maldad o que me fueran a emborrachar, porque si algún día me llegara a emborrachar, será de tus besos, de tus caricias, de tu hombría, de tu salacidad amorosa... Me han contado que esas despedidas de solteras se convierten en fiestas depravadas donde consiguen un recipiente lleno de licor en forma de miembro varonil y hacen que la anfitriona se lo chupe de una manera sensual; yo me pregunto si una mujer en sus cinco sentidos hará eso... ¡ji, ji, ji, ji!"

"Yo ya quería que mis padres dijeran que sí pero luego comenzaron a platicar de aventuras marineras, ciclones, chubascos y muchas cosas más; luego cuando se definió la fecha de la boda, sentí que me perdía en un torbellino de amor, flotaba entre una nube de felicidad y me

miraba entre tus brazos a la orilla del mar, viendo como el crepúsculo nos decía adiós, mientras ambos esperábamos con ansiedad que cayera la noche."

"Al siguiente día tú te fuiste, marinero. Mi madre me dio permiso para ir a despedirte al muelle, ese lugar con olor a ostiones y con su brisa salitrosa, esa escollera celestina, resguardo de muchos enamorados donde se hacen las mejores promesas de amor, lugar donde tú me prometiste hacerme la mujer más feliz del mundo y yo te creí, el desembarcadero que, sin querer, volteo a verlo cada día, en espera de tu regreso que no se dio por ningún modo, sin ninguna razón, sin alguna explicación, solo con el aire de tu silencio taciturno. Si no hubiera sido por mi prima que fue de metiche, esa tarde nos hubiéramos besado por primera vez. Pero nos tomamos de la mano, me miré por mucho tiempo en tus ojos y luego casi en susurro te dije que quería tener un hijo tuyo antes de que yo cumpliera los 30 años y tu respondiste que sí y agregaste que sería varón. Yo te dije que, como tú, sería marinero y entonces tú te pusiste a cantar la canción: < ¿Qué será, será?> de Doris Day"

"Yo sentí que flotaba entre el manso vaivén de las olas que entraban al puerto para perderse en los murallones del malecón, mientras tú seguías cantando al oído casi en balbuceo, en tanto se me enchinaba la piel, los vellos de mis brazos se erizaban y un magnetismo celestial recorría todas mis entrañas provocando un erotismo que me sonrojó, de pronto me sentí húmeda y sólo pude exclamar en susurro: Llévame contigo, ya no puedo estar más sin ti..."

"Tú te fuiste y yo comencé a confeccionar mi vestido de boda, de noche y de día, en cada puntada iba un pedazo de mi ilusión, en cada retazo estaba una pieza de mis sueños y en cada botón quedó impregnado los bostezos de mis largas madrugadas. El inmenso amor que te tengo, me hacía verte dentro de la taza de café y el humo que emanaba eran como suspiros míos que se escapaban por la ventana para ir en

tu búsqueda; me imaginaba que cruzaban el mar entrelazados con el plumaje de las gaviotas y llegaban a ti en forma de besos que recorrían todo tu cuerpo en tus madrugadas de erección.

¡Por fin se iba a casar María Vidaña! Vestida de blanco, con todas las de la ley, con banda de música desde mi casa hasta la iglesia, desde la iglesia hasta mi casa, con un anillo de oro inscripto con una fecha inolvidable, con cohetes en todo el recorrido, con damas y chambelanes y los hijos de mi prima serían los pajecitos. ¡Por fin se iba a casar María Vidaña! "La Quedada" decían las malas lenguas de mis vecinas, María Vidaña "La Creída" me llamaban los muchachos del barrio Santa Rosa. Por fin mi madre iba a cobrar todas las limosnas que había dado en tantas fiestas, que si no fuera por su cuaderno donde había anotado todo, hubiera perdido la cuenta. Por fin, María Vidaña recorrería las calles de la ciudad del brazo de su esposo, orgulloso de ella, erguido, con la frente en alto y años más tarde, sosteniendo a dos niños."

"Diez días antes de la boda, recibí tu última carta marinero, procedía de Guaymas y en ella me enviaste el disco con la canción de Miguel Aceves Mejía, La Barca de Guaymas en la voz de Linda Ronstadt (Canción de mi padre)"

"No lo sé marinero, pero creo que en esa última carta querías darme el adiós y no te atreviste; aunque con el dolor más profundo que causa el fin de una relación, lo hubiera preferido a quedarme en este torbellino de vergüenzas, derrotada, con el alma destrozada. Las miradas de la gente son como jaras de un cupido del desamor que entran en mi corazón carcomido por tu ausencia. ¿Qué pecado cometí, oh marinero, para recibir este dolor? ¿Qué mal te hice para que me hayas dado tu mortífera cuchillada por la espalda, sin abrigo? ¿En dónde están tus palabras fascinantes que pronunciaste a mis oídos vírgenes? ¿Por qué me escogiste a mí como el personaje central de tu abandono? ¿Por qué no valoraste los sentimientos de *una mujer que sería capaz de dar la vida por ti? ¿Por qué? Quiero saber ¿por qué?"*

"Con tu desplante hiciste que me perdiera en este torbellino de delirios, ahora camino sin saber a dónde voy, no tengo rumbo, ni ayer, ni hoy ni mañana, se fueron mis noches y mis madrugadas; ya formo parte de la comunidad muerta que deambula entre los vivos y vestida con el atuendo, de la desgracia. No me da hambre ni sed, sólo siento el agudo frío de tu ausencia. De noche, la luna me ve llorar y a veces el cielo llora conmigo y cuando ese torrente de lágrima celestial choca con el suelo parece pronunciar tu nombre que después se desintegra en partículas enmudecidas en la turbulencia de la oscuridad. De día, los rayos del sol no son capaces de secar mis lágrimas; sin embargo, me queman el alma como cuando se chamusca un ramo de rosas en el fogón de la melancolía."

"En las eternas madrugas, me paro frente a mi ventana y parece que oigo tu voz envuelta en el viento que viene del mar, claramente escucho que dice: <He venido por ti, María; no te escondas, sal de esa jaula de soledad y vámonos a un puerto sin nombre, recorramos este camino que no tiene final, vámonos lejos, a un lugar sin personas, sin rencores, sin dios, sin religión, sin tiempo..., un mundo con noches estrelladas, luna, lluvia y vino> Oigo nítidamente tu voz y solamente se pierde cuando ladran los perros; bueno, en realidad no se pierde, sino que se va y viene como la onda sonora de una estación de radio en la anchura del éter. Yo maldigo a los perros porque nomas ladran, aunque puede ser que le ladren a tu espíritu que merodea por las calles y cuando se callan vuelvo a escucharte y eso es como un bálsamo para mi corazón que me hace aborrecer el día. Quisiera que la noche fuera perpetua para seguir oyéndote, para inmortalizar tu voz en mis oídos, para no salir jamás de mis delirios. ¡Quién lo creyera! ¡Los delirios de María Vidaña! ¡Ja, ja, ja, ja, ja, ja, ja, ja, ja, ja, ja, ja, ja, ja, ja, ja, ja, ja, ja....!"

<El señor esté con vosotros>
"Y con tu espíritu"
<Levantemos el corazón>
"Lo tenemos levantado hacia el Señor"
<Demos gracias al Señor, nuestro Dios>
"Es justo y necesario"
<En verdad es justo y necesario, darte gracias Señor, tu que reinas por los siglos de los siglos...>
"Amén..."

"Paradójicamente, de todas tus cartas, esta es la que más me fascina, la leo y la releo, a pesar del tiempo y la distancia me sigue enamorando tus palabras, a pesar de los sinsabores. Me encanta este párrafo:

<En nuestra noche de bodas y ya encerrados en una habitación sin puertas y sin ventanas, tu ropa irá cayendo lentamente, en espacios entreverados con besos y caricias encargadas de llevarse los vestigios de tu maquillaje y me encontraré con tu cuerpo suave como el bálsamo de las anémonas y tibio como pétalos de guiechaches frente a un altar. Entonces, la sensualidad de tus gemidos constituirá la más erótica de la música celestial, que el propio silencio se detendrá para ser testigo de nuestro juego amoroso entre dos seres que buscarán lo cóncavo y convexo de sus cuerpos para fundirse en uno...>

<Te enseñaré a encender ese fuego que nos quemará la piel y disfrutaré del dolor placentero de tus dos pezones erectos cuando se claven en mi pecho ardiente, como si fueran dardos de delicias, y luego me subiré a pasos lentos por la cuesta de tus senos hasta llegar a la vorágine, en donde los ósculos formarán una valla y celebrarán el instante al ritmo de una sinfonía de susurros, como quien conquista el reino celestial.>

<Me he de perder en el boulevard de tus labios carnosos, hasta dejarlos húmedos como hojas de cordoncillo por el sereno y luego me iré sin prisa por los caminos de tu cuello hasta llegar a tu vientre, que surcaré a besos y he de sentir tus uñas que me causarán un dolor divino en mi espalda; mientras las yemas de mis dedos viajarán lentamente por la vereda de

tus piernas mansas pero firmes como si fueran las de la misma Venus. Y me filtraré entre tus filamentos rizados, para después caer en la profundidad de tu piscina, por primera vez, como quien conquista el cielo.>

<Aguantaré la respiración para disfrutar de tu torrente de humedad, en tanto las coplas del placer aumentarán su volumen con el riesgo de escaparse por las rendijas de la alcoba; más nada importará, amada María Vidaña, tú seguirás cantando tu primera melodía del placer y yo te haré segunda. Cuando por fin yo penetre en la gruta de tu caracola impregnada de agua salobre; ambos caeremos en el abismo del ensueño cuyo camino no tiene regreso, entonces reposaremos para seguir cantando la misma canción…>"

"De tanto leer tu última carta, me la he aprendido. En esa misma carta, también me dijiste que llegarías un día antes de la boda para ultimar los detalles. Yo ya te había escrito que estaba todo listo: los padrinos, la música, la comida, el salón, las damas, los chambelanes…, todo, todo estaba listo, sólo faltabas tú, amor mío."

"¿Te acuerdas amado marinero, cuando nos conocimos? Coincidimos en el baile de la primavera en el Studio 24 del Bally Hi, tú me viste entrar con mis primas y mi madre que iba de 'cuidadora', me seguiste con la mirada hasta que nos sentamos, me di cuenta porque te vi por el espejo grande que colgaba de la pared; más tarde me sacaste a bailar y creo que allí nació este amor tan grande como el mismo océano que surca tu barco en tus largas travesías, este amor que no morirá, aun muriendo tú o muriendo yo, porque nuestro amor es como un dios y dice La Biblia en Primera de Juan 4-8 'Dios es amor…' que es lo mismo que amor es Dios, nuestro amor es Dios y Dios nunca muere…"

"Y llegó la fecha esperada, ¡hoy! Con los ajetreos de la boda no había reparado en tu ausencia hasta que mi madre me lo hizo notar; sentí que por todo mi cuerpo recorría una cascada de incertidumbres, pero se esfumó de inmediato porque mi mundo de ilusión era mucho *mayor; entonces le dije que me estarías esperando en la iglesia y la coleada de la boda continuó, jamás se me hubiera ocurrido que me dejarías plantada frente al altar. Ah, por cierto, príncipe marinero, se me olvidaba decirte que la enramada ha quedado hermosa y galante para nuestro festejo, estoy segura que la gente comentará por mucho tiempo el acontecimiento. Todos los horcones son de sauce y están decorados con palmeras, hojas de plátano y las propias ramas de sauce. Se ve genial."*

"Los amigos de mi padre vinieron a ayudarle para hacerla típica de acuerdo a nuestra costumbre. La enramada está cubierta de palmas frescas y adornadas con racimos de coco; en tanto que Chavita ha colgado unos corazones hechos de jazmines blancos que giran con el viento. Ya quiero que estés aquí para que me des tu punto de vista. La calle está prácticamente cerrada porque ya están acomodadas las mesas y las sillas, igualmente decoradas para la ocasión. Chavita, nuestro decorador estrella ya acomodó el torniquete con dos palomas adentro para la hora que bailemos el vals. ¡Ay!, tanta emoción en un solo día, bien ha valido la pena la larga espera, ahora es cosa de esperar tu llegada…"

"¿Cómo que no has llegado? No juegues una broma así conmigo, no te escondas. ¿No que tenías tantas ganas de devorarme a besos? Tú sabes que mi cuerpo se muere de sed por el tuyo y mis labios esperan con ansia la voluptuosidad de los tuyos, anda, no te tardes. Ya es casi la hora…

María Vidaña, no para de divagar, de vagar por la escollera de la demencia, de esperar, al igual que Rebeca Méndez en el muelle de San Blas.

"Por cierto, amor marinero, anoche te soñé y en mi sueño tú tenías 16 años y yo 15. Me acuerdo muy bien, porque a lo lejos se escuchaba

la canción de Julio Iglesias, 'Dieciséis Años'. Me impresionaste con tu poesía:

<Yo hice de mi corazón un jardín en donde naciste tú, mi primera flor. Para mantenerte viva, te regué con gotas de ensueños juveniles y con trozos de promesas construí un corralito para protegerte de la adversidad... Te dejé mis versos y me llevé la titila de tus ojos, color de mi libertad... Mi ausencia provocó que creciera la maleza en aquel jardín, hasta tapizar la puerta de tu corazón... Reconozco que nuestro amor se volvió sordomudo y, luego, huérfano, por eso no tengo nada que reclamarte. No me di cuenta cuándo me convertí en el jardinero de otras rosas, sin preguntar si tenían dueño. Caminé entre pétalos sublimes, me perdí en la espiral del tiempo, sonámbulo, vagabundo y después de soñar entre muchas flores, concluí que finalmente me quedaba sin jardín, sólo con el rastro de espinas de las rosas. No sé cuándo ni dónde me perdí, pero ahora sé que me encuentro en ti, como un ave que no puede erigir su nido, que llora con la lluvia y que canta en abril...> "¡Quizás sean tus remordimientos que andan como alma en pena, príncipe marinero, marinero truhan! ¿A cuántas no les has dicho lo mismo en tus canciones, en tu poesía y en tus engaños?"

"Amor mío, ya estamos saliendo de casa, rumbo a la iglesia; estoy segura que tú ya estás allá pues te distingue la puntualidad. Los invitados son más de los que yo esperaba, las mujeres vienen en traje regional y los hombres con pantalón color negro y guayabera color blanco y el pañuelo color rojo al cuello, así como lo demanda nuestra tradición istmeña. Los cohetes no han dejado de reventar en el aire, anunciando nuestra felicidad y luego regresan en picada y se clavan en la tierra como la flecha de tu amor se clavó en mi corazón; sin avisar, sin pedir permiso, sencillamente entró cual rayo de luz por la rendija del alma. La banda musical toca en todo su esplendor y parece que Don Chente Villalobos lo hace con mayor fuerza que de costumbre con la tambora. Yo voy erguida con mi vestido blanco que

yo misma confeccioné y mi rostro cubierto con una malla de tul como muestra de mi pureza."

"Vieras, amado marinero, que bonito lucen las banderitas de muchos colores que las invitadas traen en sus jicapextles y la gente viene gritando 'vivas' en nuestro honor. Ya vamos llegando a la iglesia, ya escucho el repicar de las campanas y lo más hermoso de todo, amado mío, es que la gente que anda en la calle, formaron una valla y me aplauden al pasar del brazo de mi padre. Los cohetes no han dejado de tronar y la banda tampoco ha dejado de tocar. ¡Hemos llegado!"

<De la misma manera acaba la cena, tomó vino y dándote gracias Señor, dijo: Tomad y bebed todos de él, porque este es el cáliz de mi sangre que será derramado por todos ustedes..., haced esto en conmemoración mía...>
"Señor mío y Dios mío, yo creo, pero aumenta mi fe..."
<Este es el sacramento de nuestra fe...>
"Anunciamos tu muerte, proclamamos tu resurrección. ¡Ven Señor Jesús!"

"Date prisa, príncipe galante, quiero que veas como ha quedado engalanada la iglesia de la Santa Cruz, ¡qué talento de Chavita para adornarla! El contorno de la puerta está forrado de rosas rojas y en el muro de cada pilar puso, con flores blancas, las iniciales de nuestros nombres, mientras que del techo lucen hermosos corazones hechos de tulipanes rojos, colgados en puntos estratégicos. En los costados de la iglesia hay unos jarrones de gladiolas combinadas con nubes, margaritas y crisantemos y todo parece que estoy en el umbral del edén donde impera el incienso de la eternidad."

"Desde la puerta hasta el altar hay una alfombra color rojo que está retocada con pétalos de rosas blancas y justo arriba del altar, sujetada del techado hay un pendón donde se puede leer: ¡Hosanna el que viene en el nombre del señor! ¿Y sabes qué príncipe marinero? El letrero está hecho con puras gardenias blancas, de las que huelen de

noche. Por eso date prisa, amor mío. Los niños del coro ya están listos, delicadamente uniformados y los mariachis también ya se hicieron presentes y afinan sus instrumentos musicales, al igual que el organillero. Cerca de mí, pasó la madrina de cojines y entre sus manos llevaba dos almohadones en forma de corazones donde en unos momentos nos arrodillaremos... ¡Qué emoción! Ven a pellizcarme para darme cuenta que no estoy soñando..."

Y la bella María continúa sumergida en la bóveda de sus sueños...

"Lo primero que mis ojos hicieron al llegar al pórtico de la iglesia fue buscarte entre la gente que ya estaba allí y reconozco que por instante te confundí con otra persona elegantemente vestida. Creo que es nuestro padrino de brindis. Nuestros invitados comienzan a murmurar y una extraña sensación de inquietud recorre mi cuerpo; sin embargo, confío en que tuviste un pequeño retraso, quizás no calculaste bien los tiempos o surgió algún imprevisto. Con ese amor tan grande que me tienes, como el mismo universo, (acuérdate que me lo dijiste muchas veces), lo último que puedo pensar es que me dejarás aquí, como un barco al garete y con el ancla a la pendura, con todos los invitados."

"¿Y la fiesta? ¿Y la comida? ¿Y el vals? ¿Y nuestra luna de miel? ¡Silencio por favor, estamos dentro de la casa del Señor! Digamos juntos con el sacerdote: Padre nuestro, que estás en el cielo, santificado sea tu nombre; venga a nosotros tu reino; hágase tu voluntad en la tierra como en el cielo. Danos hoy nuestro pan de cada día; perdona nuestras ofensas, como también nosotros perdonamos a los que nos ofenden; no nos dejes caer en la tentación y líbranos del mal..."

<Líbranos de todos los males, Señor y concédenos la paz en nuestros días para que, ayudados por tu misericordia, vivamos siem-

pre libres de pecado y protegidos de toda perturbación, mientras esperamos la gloriosa venida de nuestro Salvador Jesucristo...>
"Tuyo es el reino, tuyo el poder y la gloria, por siempre, Señor..."

María Vidaña sigue divagando, suplicando y delirando. Llora y canta, suspira y maldice, balbucea y...

"Me acuerdo muy bien que un día me escribiste: <María, oh María Vidaña, mi inefable María, tú eres la mujer perfecta que la vida me ha regalado, creo que sin merecerte. Yo que he sido un marinero de los cinco continentes y que en cada puerto había dejado un pañuelo húmedo por las lágrimas del adiós, por fin encuentro en ti lo que no hallé –cual jardinero–, en ninguna otra flor, por eso de pronto te convertiste en mi serendipia. Confieso que conocí numerosas rutas para llegar al corazón de muchas mujeres, pero ninguna había entrado al mío, hasta lo más recóndito como lo has hecho tú, María. Con tu sonrisa, tu sencillez, tu alegría a flor de piel, tu frescura de lluvia y tu pureza, conquistaste al conquistador de sueños vagabundos>."

"<Llegaste a mí justo en el cuarto creciente de mi ciclo lunar, en plena canícula y el esplendor de tu alma pura se refleja en el espejo de mi existencia vagabunda, de tal modo que los filamentos de luz llegan hasta lo más recóndito de mi corazón y lo convierten en un arrebol de los cirrocúmulos. ¡Te amo! ¡Te amo María! ¡Te amo María Vidaña! La inefable, única palabra que puede describir todo lo que eres. Te amo María Vidaña, rosa inmarcesible y etérea; en el crepúsculo pareces una iridiscencia y tu voz se convierte en un melifluo que no quisiera que se fugara de mis oídos>."

"<¡Te amo María Vidaña! Como si fuera mi primera vez, de una manera que no puedo explicar con palabras, lo único que puedo decir es que te veo en cada estrella, en cualquier racha de viento, en el trinar de las aves, en el suspiro de mi guitarra y en el reflejo de la luna

sobre el mar. Te busco de día y de noche, en el silencio de la madrugada, entre el bostezo de la aurora boreal, en el ocaso del horizonte, en todos los pétalos de las flores de mi jardín y en el aleteo de cada mariposa. Te extraño, incluso antes de zarpar hacia otros mares, tengo sed de ti, de tus labios, de tu lengua, de tus ojos, de tus cejas, de tu mirada, de tus oídos, de tus cabellos, de tu voz, de tus manos, de tus senos, de tu vientre, de tu ombligo, de tus piernas, de tus vellosidades, del vórtice de tus piernas, de tus glúteos, de tu espalda, de tus rodillas, de tus pantorrillas, de las plantas de tus pies, de tu respiración, de tu olor, de tu aliento, tengo ansias por recorrer todos los caminos de tu cuerpo y perderme en él, como el niño que se pierde en el bosque cuando va detrás de la mariposa... Oh María Vidaña, amor de mi vida, espérame, que la proa del velero de mi destino apunta hacia el puerto de tu corazón...>"

Pareciera que el pensamiento de María Vidaña son cables eléctricos que hacen falso contacto, de repente entra en el sendero del extravío y luego recupera la memoria; entonces se quita los guantes y los avienta, tira las arras, el lazo, el anillo, los cojines, ríe, llora y sigue cavilando.

<Señor Jesucristo que dijiste a tus apóstoles: mi paz os dejo, mi paz os doy, no tomes en cuenta nuestros pecados sino la fe de tu iglesia y conforme a tu palabra concédenos la paz, tu que vives y reinas por los siglos de los siglos...>
< ¡Amén!>
<La paz del Señor esté siempre con vosotros...>
<Y con tu espíritu...>

"Han pasado dos horas después de la misa programada para nuestra boda y tú no llegaste amado marinero, sé que tuviste un contratiempo de gran tamaño para no llegar; ya los padrinos, las damas y los chambelanes se han pasado a retirar mientras yo siento flotar en una

nube de vergüenza y pena. Mis padres no están conformes y juran que te buscarán para que pagues este desprecio, pero yo te perdono amado marinero; me sentaré en esta banca para que mis pies descansen, mientras tu barco llegue al puerto..."

"¡Que no deje de tocar la banda! No hay razón para estar triste, de un momento a otro mi príncipe marinero llegará. Por favor sacristán, no cierres la puerta de la iglesia, espera, espera hasta que entre el sol. ¡Espera por favor! ¡Esos mariachis, no se queden callados! Canten El Rey en honor a mi futuro esposo que de un momento a otro descenderá de la limusina para tomar mi mano y entrar a la iglesia. ¿Qué cómo lo sé? Lo sé porque él me lo dijo, me lo prometió, me lo aseguró. Recuerdo que dijo: <No habrá vendaval ni chubasco, ni lluvia ni trueno que impida nuestra boda y nuestra felicidad...> ¡ya viene! Escucho sus pasos, huelo su aliento y su perfume masculino invade cada milímetro de mi piel..."

"Invitados, ¡no se vayan! Por favor se los suplico, esperen aquí conmigo, de un momento a otro el vendrá. Por favor cállense, silencio, escuchen conmigo, escuchen bien, ya viene en el camino, se adelantó su voz y balbucea en mis oídos, claramente escucho que me declama al oído un fragmento del poema 20 de Neruda, su favorito, ¡silencio por favor, quiero silencio!:"

<En noches como esta, la tuve entre mis brazos..., la besé tantas veces bajo el cielo infinito...Ella me quiso, a veces yo también la quería..., cómo no haber amado sus grandes ojos fijos... Qué importa que mi amor no pudiera guardarla, la noche está estrellada y ella no está conmigo... Eso es todo. A lo lejos alguien canta, a lo lejos..., mi alma no se contenta con haberla perdido... Mi corazón la busca, y ella no está conmigo. Ya no la quiero, es cierto, pero cuánto la quise..., mi voz buscaba el viento para tocar su oído. Ya no la quiero, es cierto, pero tal vez la quiero..., es tan corto el amor y es tan largo el olvido, porque en noches como ésta...>
<Cordero de Dios que quitas el pecado del mundo, ten piedad de nosotros..., cordero de Dios que quitas el pecado del mundo, ten piedad de no-

sotros…, cordero de Dios que quitas el pecado del mundo, danos la paz…>
<Este es el Cordero de Dios, que quita el pecado del mundo. Dichosos los invitados a la cena del Señor…>
<*Señor, yo no soy digno de que vengas a mí, pero una palabra tuya bastará para sanar mi alma…*>

"¿No escuchan? Es él, estoy segura que es él, que toque la banda, que prendan los cohetes, por favor sacristán abre la puerta de la iglesia, ¿dónde dejé mis guantes? ¡Mi maquillaje! ¡El rosario! ¿Y mis damas y chambelanes? ¡No me pueden hacer esto! ¡Yo debo casarme como Dios manda! ¡Oh, no puede ser que me dejen sola! No importa amado marinero, más vale solos que mal acompañados, sobre todo por esas chismosas de mis amigas que estaban cuchichiando que ya me habías dejado abandonada. Siempre me odiaron, siempre desearon que me fuera mal, siempre me envidiaron porque yo soy hermosa y ellas no, siempre quisieron tener un novio tan apuesto como tú, amado marinero…, criticaban mis vestidos, mis trajes de baño, mis peinados, mi maquillaje, jamás aceptaron que yo siempre he sido mejor que ellas…"

<Antes de despedirnos, queridos hermanos vamos a hacer una oración por los nuevos desposados para que siempre les vaya bien y que la felicidad permanezca sobre ellos…>
<Novios, ya pueden besarse…>

En la mente de María Vidaña hay un torbellino de ruidos y escucha muchas voces y aplausos prolongados:

<¡Que vivan los novios! ¡Felicidades prima! ¡Amiga, eterna luna de miel! ¡Allí me cuentas cómo te fue en tu primera noche! ¡Nos traes la prueba de tu virginidad!>

Y ella con los brazos extendidos exclama: *"¡Gracias, gracias, gracias, muchas gracias…!"*

Así sigue María Vidaña con su pregón, sin límites de tiempo, sin un horario específico... María Vidaña, detenida en el tiempo, siempre vestida de novia con un velo sobre el rostro y una inmensa pena en el alma, del tamaño de la eternidad, que después de muchos años, sigue deambulando por los muelles de la historia y en algunas memorias de la gente...

"Cuando te fuiste y no tuve razón de ti, primero te añoré, luego te buscaba en todas partes y en ninguna, en cada prosa, en cualquier poema y en todas las coplas y al no encontrarte, creí que te odiaba; intenté soltar tus recuerdos como si fuera un ave, pero éste siempre se negó a volar y jamás quiso esfumarse de mis manos. Hoy, que te sigo esperando, me doy cuenta que siempre te he amado, aquel manojo de rencor que me provocó tu ausencia, en segundos se vuelve un cántaro de amor que me quiero beber para mitigar la sed de tantos años. Sigues teniendo ese magnetismo que me provoca maripositas en el estómago; cómo me hubiera gustado que estuvieras aquí y me hicieras un hijo, que llevara en sus ojos ese fulgor de tu mirada o tuviera la espesura de tus cejas. Amor marinero, te esperaré toda la vida y te seguiré esperando más allá de la muerte, si hay un más allá. Siempre serás el amor que nunca salió de mi corazón, como si fuera una semilla en busca de un surco que de ningún modo encontró."

<Que este misterio celestial renueve, Señor, nuestro cuerpo y nuestro espíritu, para que seamos coherederos en la gloria de aquel cuya muerte, al anunciarla, la hemos compartido. El que vive y reina por los siglos de los siglos...>
<Amén...>
<Podemos irnos en paz, esta santa misa ha terminado...>

"Aquí estoy, amado marinero, esperándote, recordándote, añorándote..., te perdono, porque estoy segura que algo más grande que la fuerza de nuestro amor te impidió llegar a mí, te perdono porque tu amor despertó en mi corazón un sentimiento más grande que todas

En el umbral de la luna llena | 37

tus promesas…, que si huiste o desapareciste sin razón alguna, no importa; no te juzgo ni te odio; al contrario te comprendo, te perdono y te seguiré amando hasta en el último hálito de mi vida y si más allá de la tierra hay vida, también te amaré allá, a la luz de las estrellas y entre el resplandor de la luna llena, donde no se escuchan las palabras, donde no llegan los rencores…, te amaré siempre amado marinero, en mis momentos de lucidez y en mis tristes desvaríos."

En la vida real, María Vidaña no quedó plantada en la iglesia, sencillamente porque el marinero nunca volvió, tampoco se organizó la boda, pero ella no pudo aguantar el desplante de su prometido y perdió la memoria. Y paulatinamente perdió todo: su juventud, su sonrisa, su belleza, sus rubios cabellos, su pureza…, se perdió como un alma nómada en la turbulencia de un puerto sin mar o de una ciudad sin habitantes. Así, María, la hermosa María Vidaña fue creando sus delirios, que, con el paso de los años, de igual forma se perdieron en la inmensidad del tiempo, ese tiempo que finalmente también se la llevó…

EPÍLOGO DE UN IDILIO

A ella, la que se fue...

"No es que esté triste, carajo, es que me acuerdo..."
(Joaquín Sabina en su canción Posdata)

No sé dónde estás,
no sé por qué te fuiste,
sí sé que no me podrás olvidar,
y que también estás triste.

Tú sabes que a mí me diste
lo que a ningún otro hombre
y tal vez de mi te perdiste,
pero jamás de las letras de mi nombre.

Muchas cosas no sé,
pero sé muchas cosas,
no sé cómo te encontré,
pero me acuerdo de tus rosas.

No sé por qué te fuiste,
no sé si algún día volverás,
pero sé que tú también estás triste
y que jamás me olvidarás…

El viento de la casualidad llevó tu barca, con sus velas traviesas a mi mar de soledad. Esa mar que dormida asemeja al espejo donde se refleja mis nostalgias y despierta, se parece a un diluvio de olas desconcertadas. En la quietud de esa mar de soledad, la estela de tu barca formó la palabra amor y con tu atarraya de mallas de ensueño, atrapó el cardumen de mis tristezas y lo encapsuló en una bóveda sin puertas. Entonces mi mar en calma se convirtió en un vendaval de amor y pasiones, que quiso hacer naufragar tu barca para que siempre descansara en el fondo de mis ilusiones.

¿Cómo sucedió? Como llegan los grandes amores, como aparece un arcoíris en la inmensidad, de la misma manera que se desprende un aerolito; de pronto nos vimos envuelto en el remolino de una embriaguez de pasión y la ansiedad de amarnos nos llevó a la alcoba del ensueño; de donde tardamos mucho para salir, porque sencillamente era como el paraíso. Para esos momentos, no hubo mejores estrofas que los versos de José Ángel Bueza: "*...Pero hay cosas sin dueño, las rosas y los ríos, el amor y el ensueño, y ella me dio su amor, como se da una rosa, como quien lo da todo, dando tan poca cosa...*"

Comencé a conocer todos los recovecos de tu alma fresca, a mirarme en tus ojos color del cielo después de la lluvia, a respirar tu aliento que se escondía entre el regazo del silencio y a recorrer todas los andenes de tu cuerpo suave como el botón de una azucena acuática; te fuiste metiendo por todos los filamentos de mi corazón; donde ninguna flor había logrado dejar su aroma; aprendiste mis poesías de amor y yo te hacía segunda cuando entonabas el himno del placer y perdimos la cuenta de cuantas veces danzamos al ritmo de la música de la apoteosis, en el recoveco de la euforia…

El que escribía lo anterior interrumpió el teclado de la computadora, cuando en medio de aquél silencio de la madrugada y de su concentración escuchó:
-Shith..., shith, aquí en tu cama, yo, Osiel...

Entonces volteó la mirada hacia la cama y lo vio recostado sobre una almohada.
-¿Quedamos, no? Dijo él, -mientras el aprendiz de escritor se puso los lentes para verlo mejor-. Los dos tenemos puntos de coincidencias.
-¿Cómo cuáles?
-Ambos fuimos abandonados por la misma mujer, a los dos nos despidieron en el mismo lugar, ni tú ni yo sabíamos que no la volveríamos a ver, somos compañeros del mismo dolor y los caprichos del destino nos puso en la misma situación. Aun así no te considero mi rival; al contrario, te agradezco que me hayas dado un espacio en tu habitación desde que fui abandonado, mucho antes que a ti.
-No había reparado en esas coincidencias, pero tampoco te he considerado como a un rival, te ves tan tierno y tu mirada fija y nostálgica que he tenido la impresión que no me mirabas ni me escuchabas, sino te he considerado como un silente compañero, desde que ella te abandonó y te invité a mi cuchitril que tú llamas habitación...
-Ji, ji, ji, ji..., -su risa se oyó como la de un niño-, acuérdate que yo comencé a dormir primero con ella, me acurrucaba en sus brazos, a veces me machucaba porque es medio loca para dormir, pero yo estaba muy a gusto a su lado. Como dijera Sabina en su canción: *"...y desnudos al anochecer nos encontró la luna..."*
-Si lo que quieres es provocarme celos, lo estás logrando y te puedo mandar a la chingada...
-¡No, no, no, hombre! El celoso siempre fui yo, porque ella nomas se la pasaba hablando de ti, creo que hasta dormida, yo escuchaba

cuando hablaban por teléfono, me leía los poemas que le escribías y sin conocerte, me empezaste a caer bien, pero claro que sentía celos; sobre todo cuando ella me dejaba y se marchaba. Yo sabía que estaba contigo y eso me reteencabronaba. De hecho, una de sus quejas era que tú no la celabas. Se quejaba de que dabas la impresión que no te importaba.
-¿Alguna vez te dijo que me amaba?
-¡Muchas veces! Pero aunque no me lo dijera, se le notaba en su semblante, cantaba, bailaba y hasta bajaba pensamientos de internet y te los mandaba.
-¿Entonces por qué crees que se haya marchado? Primero ¿Por qué te abandonó a ti, cuando me decía que te adoraba? Y segundo ¿Por qué me abandonó a mí, cuando aparentemente me amaba?
-Aparentemente, no. Te amaba y quizás te siga amando donde quiera que se encuentre, pero ella -como muchas mujeres- es muy compleja.
-No entiendo, la mujer es el ser viviente más divino que la naturaleza le ha regalado al hombre. ¿Qué seríamos sin ellas? La propia vida humana no podría continuar sin la mujer y con eso te digo todo.
-Tienes razón, amigo poeta, de hecho cuando Dios creó al hombre, lo quedó observando por largo rato y después pensó "lo puedo mejorar" y entonces creó a la mujer. Sin embargo, en alusión a Sócrates te puedo decir que la mujer es el arquetipo de la perfección o germen de todo mal; incluso yo le agregaría que alguna en específico puede ir de un extremo a otro.
-¿Lo dices por ella?
-Bueno, en cierto modo, pero hablemos de cosas más agradables. ¿Me puedes leer el primer poema que le escribiste? Aunque ella me lo leyó varias veces, al igual que a su mamá, a su hermano, a su cuñada, en fin..., siempre presumió que tenía un novio poeta. Tal vez esté equivocado pero sostengo que ella no pensaba enamorarse de ti, pero la fuiste seduciendo con tus de-

talles, tu poesía y hasta con tu manera de bailar. Un día le dijo a su mamá: "No me imaginé que bailara tan bien, no cabe duda que es un hombre de mundo.
-Entonces ¿por qué se marchó?
-Ya me lo has preguntado muchas veces, pero no tengo la respuesta. Solamente sé que ella no volverá a amar como te ama, podrá tener otros hombres y podrá pasar mucho tiempo pero nunca te olvidará. Te metiste hasta lo más profundo de su corazón, pero al principio ese no era su intención. Ella nomás quería una bonita aventura contigo; sin embargo, resultó perdidamente enamorada de ti...
-Lo que dices no encaja con la situación. La realidad es muy escueta: Se fue sin darme una explicación, sin avisarme, sin tomarme en cuenta, no sé dónde está ni con quién está. Su partida se ha convertido en un misterio que me atormenta el alma y que me está llevando por el andén de la desesperación.
-No ganas nada poniéndote así, mejor léeme el poema. Creo que se llama DIME ¿POR QUÉ?.
-Con mucho gusto, escucha con atención y acertaste, se llama así:

DIME ¿POR QUÉ?

Dime ¿por qué?
Cuando escucho tu voz
comienzo a sudar
como si fuera un precoz
en el arte del amar...

Dime ¿por qué?
Cuando estoy junto a ti
el tiempo se me olvida

y me siento tan feliz
que mi alma oprimida
fugazmente huye de su lid
para esconderse en tu vida.

Dime ¿por qué?
Cuando me miro en tus ojos
me siento un afortunado
y aunque me sonrojo
me encanta estar a tu lado.

Dime ¿por qué?
tus labios rubicundos,
me causan embelesos,
y siento un hambre profundo
de devorarte con mis besos,
de humedecerte con mi poesía,
de encerrarme en tus ojos traviesos,
de que sea tuyo, de que seas mía…

-¿Cómo querías que no se enamorara de ti? Te voy a contar algo que escuché cuando le explicaba a su mamá cómo empezó todo. Primeramente recuerda que todo comenzó con una solicitud de amistad de ella en el Facebook, pero en realidad ella quería jugar contigo, tener una corta aventura y luego dejarte; sin embargo, la aprehendiste en el primer beso. O sea que no le salieron las cosas como lo había pensado. Recuerdo que su mamá le respondió: *"Pero dónde está tu juicio vas a querer jugar con un bandolero del amor, si ese ya dio dos vueltas su colmillo, es como si una paloma se metiera al nido de un águila, ya sabe que a morir va…"*
-Ja, ja, ja, ja, ja… Ahora sí me hiciste reír pinche hemorroide.
-¿Por qué me dices así?
-Porque estás enano.
-No me simpatizas, qué bueno que te dejaron… ¡por mamón!

-¿Cómo sabes que soy mamón?
-Pues ni bigotes tienes, seguramente el orín lo quema.
-A mí se me hace que tú estás buscando que mañana te suba al carro de la basura.
-¿Me consideras una basura?
-¡Ufff! ¡Está muy sentimental la muñeca abandonada!
-¡No soy muñeca! Fui tu socio, no te olvides que yo también dormía con ella.
-¡Claro que no se me olvida! Pero si no supiera que eres un fantoche quizás no estuvieras aquí.
-Bueno, ya no peleemos y déjame seguir contándote, yo sé que te hace bien.
-No gano nada, pero adelante.
-Me imagino que te acuerdas que después que se fugaron la primera vez, ella desapareció un tiempo. Es que pensó que tú la buscarías pero se equivocó, entonces ella te buscó, pero al mismo tiempo intentaba rechazarte y tú te dabas cuenta pero obviamente resultaste un buen cazador.
-Bueno, yo me di cuenta de su bipolaridad sentimental, incluso le recomendé que buscara ayuda psicológica y ante ese juego, le envié un mensaje de WhatsApp. Aún lo guardo en mi teléfono, deja buscarlo y te lo leeré.
-Okey, me encantará escucharte, pero ponte en modo "perrón" así como cuando le declamabas a ella.
-Je, je, je, aquí está, atención Osiel: *A veces presiento que te escondes, como una paloma, entre la suavidad de las ramas de un árbol y por más que te busco entre ellas no te hallo, porque tu semblante se confunde con sus hojas...*

A veces entreabres la cortina de tu corazón para hacer latir al mío con más intensidad y luego lo cierras en una muestra clara de que solo estás jugando conmigo, como cuando juega el gavilán con el gorrión antes de ir a su encuentro...

A veces presiento que tu placer es mi sufrir y que tu victoria es mi desdicha; presiento que apareces cuando no te busco y que te escapas cuando al fin te hallo. De hecho, presiento muchas cosas, pero para no sentirlas, me las callo...

-Ese mensaje lo leyó en voz alta y yo estaba a su lado, me acuerdo muy bien. Yo digo que muy por adentro ella sabía que tú ya te habías dado cuenta que su intención era jugar contigo, experimentar, aprender de ti, pero al corazón no se le manda y se enamoró perdidamente de ti...
-¡No te creo, chaparro de mierda!
-¡Tú estarás muy alto, cabrón! Si hay alguien que sabe de su amor por ti, soy yo. No sólo dormía con ella cuando no lo hacía contigo, sino que fui su confidente. Sabía cuánto te amaba y sabía cuánto sufría por deshacerse de ti. Sencillamente su plan no era enamorarse de ti, pero te fuiste convirtiendo en su droga al grado que no solamente se enfrentó a sus padres sino también a sus hermanos. Nadie, absolutamente nadie estaba de acuerdo con esa relación. Ni ella misma, pero el amor que te tenía hizo que te defendiera, que te buscara, que se aferrara a ti. Al final, ese mismo amor la obligó a dejarte.
-¡Ahora resulta! Su amor no fue suficiente ni por ti, ni por mí. Respóndeme ¿A ti por qué te abandonó como cosa que no sirve?
-Yo no importo, pero no hay diferencia entre tú y yo. Los dos estamos iguales.
-Bien ¿me puedes dejar seguir escribiendo? Necesito concentrarme.
-De acuerdo, aquí estaré para hacerte compañía sin decir nada, aunque sé que de repente me preguntarás algo sobre ella...

Te fuiste en silencio y por más que quise romperlo no pude, pues mis palabras rebotaron en el muro de tu indiferencia, te fuiste sin decir nada, sin un adiós, te fuiste de la misma forma como llegaste, al igual que el águila que va sobre el gorrión, lo caza y remonta el vuelo sin ninguna explicación. Antes de que te fueras, mucho antes de que te fueras, sin poder evitarlo caí en el hechizo mágico de tus encantos y a sabiendas de que tu vuelo era tan alto y mi plumaje al ras de la tierra, mi corazón no quiso entender los argumentos de la razón.

Muy tarde comprendí el significado del verso de Rubén C. Navarro: *"Las estrellas no se tocan, solo se ven y se sueñan..."* En silencio me pedías que te amara y en silencio te fui amando, pero nunca me imaginé que tu estrategia era que me perdiera en la ilusión de tu amor y tu táctica, hacerme creer que me amabas, de tal modo que cuando no pudiste soportar el peso de tu infamia te marchaste en silencio por el boulevard de la ingratitud.

Como el destino todo cobra, sé que algún día necesitarás de un lucero en el nubarrón de tu existencia y en ese cielo oscuro estaré yo, siempre en silencio. Si algún día me buscas, sabrás que existen estrellas negras que, aunque no brillan están allí para guiar a los que son capaces de ver la luz del alma. Mientras tanto, no más palabras, no más llanto, nomás suplica, que siga el silencio.

-Perdona que te interrumpa, pero no te has puesto en el lugar de ella. Estoy seguro, muy seguro, que al igual que tú, está sufriendo terriblemente.
-¿Enano, tú sabes dónde está?
-¡No me digas enano! Soy tu amigo, tu confidente si quieres, puedes platicar conmigo a la hora qué quieras…, no sé en dónde está, pero aunque lo supiera no te lo diría, ella se fue por el bien de los dos. Ahora no lo comprendes pero el tiempo, que es mejor escritor que tú, escribirá el epílogo del idilio que vivieron.

-Epílogo del idilio…, bonito nombre para algo así como un cuento, porque finalmente lo que vivimos sólo fue un clásico cuento con un principio feliz y un triste final, pero donde el amor no fue suficiente para salvar una relación.
-¡Exacto! Joaquín Sabina lo dijo: *"No hay una solo historia de amor real que tenga un final feliz. Si es amor, no tendrá final. Y si lo tiene, no será feliz…"*
-Totalmente de acuerdo, San Joaquín siempre dice cosas maravillosas, pero veo que te identificas mucho Joaquín Sabina.
-Es otra cosa que debes saber, ella comenzó a escuchar la música de Sabina gracias a ti. Inclusive dijo que en una ocasión le cantaste *"Y nos dieron las diez…"* precisamente en un pueblo con mar. Antes de conocerte ni idea tenía de quién era Joaquín; sin embargo, no dudo que ahora, cada vez que escuche una canción de Sabina se acordará de ti.
-¿Tú crees eso?
-Por cierto, pon música. Ahora te caería al pelo *"19 días y quinientas noches"*
-No, así estamos bien. Al rato voy a querer tomarme unas copas de mezcal y después me vas a ver llorando. Es mejor soportar todo en la sobriedad.
-Ahora sufres, es cierto, pero pronto vendrá la generosidad del olvido y tu sufrimiento será solamente un capítulo triste en el sarcófago de tu historia. No dudes de eso; además no estás sólo, me tienes a mí, siempre te he acompañado en tu dolor aunque pasan días y no me diriges la palabra; haces como que no me ves, como que no me escuchas, pero debes saber que yo quisiera sufrir al verte sufrir. Te tengo mucho cariño porque no me dejaste tirado en la calle cuando ella me abandonó; sino que me diste un espacio en tu habitación y ahora lo siento como mi hogar. En verdad, no esperaba eso de ti…
-¿Y qué esperabas? ¿Que te dejara abandonado en aquella terminal? Siempre me pregunté que para qué te trajo si al final te iba a abandonar. Hay una analogía entre ambos. Los dos fuimos abandonados por la misma mujer, la diferencia es que yo

estoy sufriendo y tú no. Te traje a mi cuchitril porque caí en la cuenta de que no me generas ningún gasto, ningún problema y un pequeño espacio en mi cama no perjudica a nadie.

-Si tienes razón, pero me pudiste haber dejado en la terminal, aunque como estoy guapo, no hubiera faltado alguien me llevara a su casa...

-Ya salte del modo petulante y ubícate en tu realidad. Finalmente no me equivoqué en traerte porque te imaginas cómo estaría sin tu compañía.

-En realidad pasaron muchos meses sin que voltearas a verme, hasta que ella te abandonó. Recuerdo que el primer día nomás dabas vueltas en la cama, te parabas, te bañabas dos o tres veces, revisabas tu teléfono, escuchabas música, contemplabas un cuadro que te regaló. En fin, hiciste todo, menos voltearme a ver, aunque muchas noches inconscientemente me abrazabas y muchas veces mojaste mi cuerpo con tus lágrimas. Me hubiera gustado tanto llorar contigo pero eso es una entelequia traspapelada en el muelle de tu puerto despedazado por el torbellino de la soledad.

-Si es cierto, estaba absorto en ella, primeramente en lo feliz que fuimos y después en mi desgracia de quedarme solo como un perro sin dueño, pero creo que en realidad siempre he estado solo, completamente solo..., el destino me ha arrebatado lo mejor que me ha dado la vida y en condiciones similares. Mi primera novia, falleció en un accidente, la segunda se fue con otro hombre justo dos meses antes de pedir su mano, la tercera la dejé en un centro de rehabilitación después de que perdió la memoria y ahora ella se fue sin ninguna explicación. Ahora duele más porque era mi último tren en la última estación.

-Le diste al clavo, amigo poeta. En realidad nadie estaba de acuerdo con esa relación, ni tú ni ella. Solamente jugaban al *"a ver que sale"* porque se *encularon* pero en unos días más estarás agradecido que ella se haya ido y le darás otro valor a esa hazaña de haberse marchado. Tienes que reconocer que era una relación en modo *"no puede ser"*.

-¿Por qué piensas así? Si es que piensas, porque tu cerebro está lleno de algodón.

-Será el sereno, pero eso es la realidad. En cierta ocasión le dijiste: *"Si te cortas el cabello, te dejo…"* Entonces para que la dejaras se cortó el cabello y no cumpliste tu palabra.

-Bueno, en realidad yo quería encontrar una forma para evitar que se cortara el cabello…

-No, no, no…, ella no pensaba cortarse el cabello. Lo hizo para que tú la terminaras y así poder hacerse de la víctima. Decirle a su familia y a sus amigas que tú la habías abandonado y entonces ante esa gente tú tendrías el papel de malévolo y ella de una blanca palomita. Como ahora, ella resultó ser la antagonista de la novela.

-¿Por qué jugar ese papel cuando todo marchaba sobre ruedas?

-Eso dices tú, pero ella quería librarse de ti para dejarte libre, crecer sin que tú fueras su sombra y tampoco quería ser tu sombra; es decir, que se moviera cuando tú lo hicieras y quedarse quieta cuando tú te pararas. Decidió irse y crecer sola y eso es digno de admiración y quizás algún día volverá volando con sus propias alas y aunque sea demasiado tarde para el reencuentro, pero tendrá su propia autonomía.

-Ya no sé qué pensar, Osiel. Mi cabeza es un torbellino de incertidumbres. Su ausencia es una tormenta y su silencio es un grito que estalla en mi interior como cuando una ola choca contra una roca y se parte en mil partículas de agua.

-Eso dices ahora, pero luego sanaras con los medicamentos del tiempo, ya lo verás.

La música estaba en muy bajo volumen pero claramente se escuchaba la voz de Dyango cantando "Corazón Mágico" y el poeta haciéndole segunda:

¡Corazón!
¿Qué le has hecho a mi corazón?
¡Corazón!
Luna llena, canción de amor
La vida siempre ha sido así
Tú, por tu lado, y yo, por ti
Corazón mágico...

Más que decirle a Osiel, que estaba inmóvil recostado en la cabecera de la cama, se dijo a sí mismo:

—La esperaré, como se espera el tren de primavera en la estación del otoño. Ahora lloro la secuela de su abandono, pero disfruté tanto de su presencia. Nos parábamos frente a la ventana y disfrutábamos de las olas del mar, de la fresca brisa, de la lluvia que caían sobre los árboles y de las aves que nos alegraban con su canto. Después nos íbamos a la playa a caminar descalzos en la arena, a dibujar corazones con nuestros nombres y mojarnos los pies con la agonía de las olas. Todo sigue igual, tengo la impresión que no se mueven las hojas de los árboles en protesta por su ausencia, parece que ya no cantan los pájaros, aunque tal vez canten pero no los escucho; lo cierto es que ella no está, se ha ido y ha dejado una inmensa tristeza en las tardes, vigilia en las noches y lágrimas a cualquier hora. Se fue y con ella, su sonrisa, la luna reflejada en sus ojos, el aroma de su cuerpo, su voz, su aliento, los filamentos de sus cabellos…

Mucha gente lamenta su partida, me preguntan que ha sido de ella pero no tengo respuestas, las madrugadas, los crepúsculos y el viento de la noche también preguntan por ella, yo también pregunto por ella pero la respuesta es una risa sarcástica de la soledad, quien finalmente ha ganado la partida. Por eso la esperaré, como el preso espera su libertad o como Rebeca esperaba en el muelle de San Blas.

-A ella le hubiera encantado escucharte hablar así.
-¿Tú crees, eso, piel de terciopelo?
-Sí lo creo, si a mí me gusta. Me encantan tus palabras. Si yo soy piel de terciopelo, tú eres un tercio de pelos, mírate en el espejo traes unas greñas de vagabundo...
-¿No será que eres maricón?
-Claro que no, soy tan hombre como tú. A mí me hubiera gustado tener la suerte que tú tienes.
-¿Te gustaría sufrir como yo?
-No me refiero a eso, sino a la suerte de haberla conquistado, besarla, sentir su calor, hacerle el amor, en fin..., me hubiera gustado estar en tu lugar en esas noches en que no dejaban dormir con sus cantos amorosos.
-Ja, ja, ja, ja, ja, ja... Ahora sí me hiciste reír.
-Me hubiera gustado acariciar su cabellera hermosa, haber besado sus labios y recorrer con mis besos toda su piel como tú lo hacías. Empezar por su espalda, seguir por sus nalgas, piernas, rodillas y pies, subir por la cúspide de ese par de colinas que terminan en botón erguido por los efectos de tu canción y finalizar en esa caracola salobre como el manantial de la excitación. ¡Eres un afortunado! ¿Cómo escogerte entre cientos de pretendientes que tuvo? Aunque fuera con fines de aventura.
-Ya no sigas que me haces sentirme muy mal. Aunque se haya ido, se ha quedado muy dentro de mí, aunque ya no me habla, escucho su voz en la inmensidad de la noche, a pesar de que no sé dónde está, siento su presencia, escucho su respiración y aunque fue una pasión a destiempo, me he quedado con su juventud, con su sonrisa y con su aliento con sabor a éxtasis. Como dijo Salvador Díaz Mirón: *"Me quitarán el triunfo pero no la gloria..."*
-¡Guau! Hasta yo me enamoraría de ti con esas palabras...
-¡Eres puñal, no te hagas!

-Tú sabes que eso es imposible. Mejor cuéntame cómo le hiciste para que esa mujer tan hermosa se enamorara de ti porque enamorarse de ella es lo más fácil.
-Cómo puedes asegurar que estaba enamorada de mi cuando se ha largado y quién sabe si no con otro.
-No, no digas tonterías..., ella se fue sola, estoy completamente seguro. También estoy seguro que se fue porque es lo mejor para los dos, más bien para ti. Me consta que te ama como jamás había amado a otro hombre, por eso te dio lo mejor de ella, te regaló lo que no le había dado a ningún otro hombre y tú sabes que no miento.
-¿Y tú cómo sabes todo eso?
-En sus noches de insomnios me contaba que te adoraba, que se mojaba con sólo escuchar tu voz, que la atrapaste con tus versos, que le encantaban tus ojos y tu forma de tratarla, tus detalles, los arreglos florales. Me contó de la sorpresota que le diste en su cumpleaños cuando tapizaste la cama con flores. Me acuerdo que me dijo: *"Ese día me dije: De aquí soy..."* Lloraba cuando no sabía de ti o cuando le invadían los celos. Sus enemigas eran todos tus contactos femeninos en el Facebook y por eso te pedía que las bloquearas pero tú no alcanzabas ver esa parte de sus sentimientos. Te quería solamente para ella.
-Si fuera verdad lo que me estás diciendo, no se hubiera ido o hubiera tenido el valor de despedirse, darme una explicación o una razón de su partida. Es como si se hubiera muerto, no tengo idea de dónde está. Todo fue una limerencia.
-No te avisó porque con una mirada tuya, con un *"no te vayas"* la hubieras detenido, porque ella no quería irse, luchó consigo misma. También estoy seguro de que volverá, no pronto pero volverá, quizás en dos o tres años, aunque para ese tiempo tú ya te habrás olvidado de ella, quizás también me habrás echado de tu casa. Quizás te busque, quizás no, pero lo cierto es que seguirás en su corazón, porque tu amor ha quedado tatuado en ella; no lo dudes.
-Ya te dije que la esperaré.

-No te creo, tú no naciste para esperar, además eres como una mariposa que vive en un jardín de flores. Tienes la fortuna de disfrutar de los mejores néctares de las rosas.
-Ella es diferente, la busco todos los días. La busco precisamente en cada rosa, en el aleteo de una paloma, en una canción, en mi café, en mi copa, en todas partes y en ninguna. Sé que está lejos de mí pero tan cerca de mi corazón, la veo en mis sueños y en el reflejo de la luna sobre el mar. Escucho su risa entre el suave golpeteo de las olas sobre las rocas y en el himno del silencio que se confunde con el torbellino de incertidumbres que moran en mi cabeza.

En el reproductor de música, a alto volumen se escucha la voz de José Alfredo Jiménez cantando "La única estrella":

La única estrella que tiene mi cielo,
Se está apagando,
La nube negra de mi desgracia,
Poquito a poco la va tapando

> *Y aunque yo quiera que no se vaya*
> *Ya es mi destino jamás mirarla*
> *Quien me lo manda poner los ojos*
> *En una estrella que está tan alta*

El compañero de habitación del poeta preguntó:

-Te desapareciste unos días, poeta. Bueno, por lo menos no llegaste a dormir.
-¿Y a ti que chingados te importa si llego o no llego a dormir? No me digas que sientes celos…
-Ya vas a empezar con tus lechosidades, amigo. Sólo fue una observación, pero últimamente andas de un humor de los mil

diablos. Ya sabes que yo no cuento para nada, únicamente soy tu compañero de habitación, pero estoy preparado para cuando quieras echarme de aquí.
-Tú sabes que eso no va a suceder, cada que te veo me acuerdo de ella. Por cierto, no estuve porque fui a su pueblo, fui a buscarla sabiendo que no la encontraría, fui a rellenar mi corazón de sus recuerdos, de su ausencia, del aroma de su cuerpo, de su piel suave como la sombra de una gaviota. Vi su silueta en cada flor, sus ojos en todas las estrellas, escuché su voz en el canto de los pájaros y en el suspiro del viento, contemplé su mirada en el reflejo de la luna sobre la mar y sentí el ritmo de su cuerpo en cada melodía que se escuchaba a lo lejos, aun cuando no había música. Me vi bailando con ella como en aquellas noches de junio, cuando la luna se quedó con nosotros hasta el amanecer.
-Traes bien afilada tu inspiración, pero ¡Cuéntame! ¿Supiste algo de ella? ¿Te dijeron algo?
-¿Qué te puedo decir? La gente vive su vida cotidiana, cada quien se ocupa de sus cosas, se entretiene con lo suyo, las parejas de enamorados se disfrutan o se besan en el parque, en un lugar oscuro o se divierten en las fiestas. Presiento que a nadie le llama la atención la vida del otro, al menos que esté impregnada de morbo o chisme. Nadie percibe tu tristeza, cada uno vive en su mundo personal, a no ser que se trate de asuntos impúdicos.
-¿Te atreviste ir a su casa?
-Más que un atrevimiento, fue una visita cordial. Estuve en su casa, platiqué con sus padres, cada quien en su rincón como en un triángulo de nostalgias, lloramos los tres, la recordamos y se quedaron varias preguntas sin respuestas; aunque a decir verdad, tengo la firme seguridad de que ella se comunica con ellos, sólo que tienen indicaciones de no decirme en dónde está. Ah, déjame decirte que preguntaron por ti, que si estabas conmigo y su madre dijo que en unos de estos días vendría por ti y le respondí que tú estabas bien conmigo y para qué debería llevarte si ella tampoco está allá.

-Te agradezco que le hayas dicho eso, a mí también me hacen daño sus recuerdos, extraño sus brazos, su sonrisa y hasta sus pedos nocturnales. Pero no quiero volver a esa casa.
-Ja, ja, ja, ja, ja…. Ahora sí me hiciste reír. Eran carrilleras de 14 cada una.
-Ji, ji, ji, ji…, bien que los contabas.
-De regreso, sentado frente al volante, como no podía escribir, grabé lo siguiente, espero que te guste:

Me animé a escribirte estas líneas con el afán de agradecerte todos los momentos de felicidad que me diste, porque lo menos que puedo hacer es agradecerte. No voy hacer referencia a los momentos amargos o difíciles porque para mí esos no cuentan, solo sirvieron de aprendizaje y tuve la impresión de que eran para darle consistencia a aquel bello sueño que no pudo ser; por cierto, con un despertar que quema, que estrangula, que aturde, que desvela y que hace llorar sin lágrimas.

Te fugaste como el suspiro del verso en la antesala de un adiós, de la misma forma en que llegaste. Tan de repente, como gaviota que se lanza al estero en busca de su presa; tan inesperada como las tibias gotas de lluvia en pleno sol; tan tierna como la luna que descompone las emociones de la tierra y de la mar y tan bella como la estrella que guía al marinero en las noches de plenilunio. Así llegaste y así te fuiste. Sin ambages, sin palabras y sin lágrimas. Al menos eso creo.

Para ti, todo empezó como un juego, para mí fue como tocar el cielo; sin embargo, no nos dimos cuenta cómo nos fue envolviendo en su sábana blanca esa mística magia del amor. Como si fuera una premonición, al principio te soñaba, primero dormido y luego despierto. Así nació aquel amor, paradójicamente como el epílogo de un idilio.

Tampoco te voy a preguntar por qué te fuiste, porque respeto tu decisión aunque no la comparto y tus razones son bien comprendidas porque el primer principio de mi amor es que encuentres la felicidad aun a costa de la mía; entonces eres libre de volar sobre el inmenso mar en búsqueda de tu realización y espero que la encuentres pronto. Siempre fuiste libre, hasta para escoger tu libertad.

En ese sentido muchas veces te repetí la frase anónima que alguna vez leí: "Si yo quisiera, pudiera cortarle las alas, pero entonces no podría volar y yo amo al ave..." Así te amé, así te adoré, como a una paloma, a veces mansa, otras veces arisca, altiva, rebelde... y otras veces al estilo de una paloma querida que José Alfredo refiere en su canción. Y así quedarás en mi recuerdo, como un tatuaje sin remiendos, sin principio, sin final, sin manchas y sin posibilidades de borrarse.

Debes saber que si algún día las penas de la vida logran hacer estragos en tu ser y consideras que necesitas una mano solidaria, no dudes en buscarme. Mis manos que tantas veces se fusionaron con la tuyas como leña y fuego, quedan extendida perennemente por si te son necesarias, algún día, en cualquier lugar y en cualquier momento. En mi corazón siempre estará ese rincón especial que dejaste sin ninguna explicación.

-Si yo pudiera llorar, ya estuviera llorando. Qué pena que ella jamás podrá leer lo que le has escrito.
-Sí, qué pena, amigo, pero también no tiene ningún caso. También le he escrito este poema:

POR LA ESPIRAL

Te subiste por la espiral
hasta la cúspide de mi soledad
y entraste a mi alma sin tocar
como cuando el ave entra a su nidal.

En el umbral de la luna llena | 57

Remendaste con filamentos de amor
uno a uno los retazos de mi corazón,
y como la lumbre revive en el fogón,
hiciste que reviviera mi ilusión...

Así fue como comenzamos a navegar
por las aguas estuarinas de la pasión
y fuimos dejando estelas de felicidad
hasta atracar en el muelle de la unión...

Y así fue como la yema de mis dedos,
esquiaron entre las olas de tu cuerpo,
y aprendí tu canción en un tono quedo
en la enésima vez de nuestro encuentro.

Y de pronto tu águila remontó el vuelo,
dejando mal herido a un triste gorrión,
floreció la ira, el encono y el celo
y en un instante mataste un corazón...

Naufragando sobre las olas de mis desvaríos,
te veo descender del andén de mi felicidad,
llevándote contigo los muchos recuerdos míos
y dejándome en la alcoba de mi eterna soledad...

-No cabe duda que retrata lo que estás viviendo; todas las armas son de doble filo, en este caso tómalo por el lado positivo el florecimiento de tu inspiración. No todos tienen esa cualidad.

Escucha lo que he escrito hoy, enano de algodón, hoy precisamente que es mi cumpleaños:

NOS PERDIMOS...

Nos perdimos en el intento
se perdió mi voz y la luz de tu mirada,
nuestras promesas se las llevó el viento,
como cuando el sol vence a la alborada,
nuestro amor terminó siendo un cuento,
promesa fugaz, sueños de madrugada.

Nos perdimos, amada mía, en el intento,
yo que siempre gané en líos del amor,
aun así, te juro que no me arrepiento,
perdí todo de ti, mas no tu sabor,
hay alguien que sabe que no miento,
hay alguien que sabe de este dolor...

Nos perdimos amada mía,
aunque quizás nunca nos encontramos,
¿Te acuerdas? Te lo dije un día
"si nos amamos, vamos a intentarlo"
y aquel bonito amor de pronto revivía
pero el viento terminó por apagarlo...

Así fue como perdimos la gloria,
el cielo, el encanto y el ensueño,
lo que pudo ser ahora es historia,
tú no eres mía y yo no soy tu dueño,
pero seguirás siempre en mi memoria,
y en mi corazón que no es pequeño...

-Ahora sí ya estás borracho, hijo de poeta. Pero creo que te hace bien...

-"Y si me caigo, me levantas Toño..." dice Vicente Fernández...
-Pon música, pues. Que tu festejo no parezca velorio.
-Escucha esta canción, es de un tal David Beigbeder en la magistral voz de Rocío Jurado, se llama "ME HUBIERA GUSTADO TANTO"

Y se escuchó en el reproductor de música:

*"Me hubiera gustado amor,
me hubiera gustado tanto,
al menos oír tu voz,
el día de mi cumpleaños.*

*Me hubiera gustado amor,
que te hubieras acordado,
con una llamada urgente,
con un <yo quisiera verte>
me hubiera bastado amor..."*

La música llegaba hasta el final y se volvió a repetir en un sin número de veces, mientras el poeta siguió consumiendo mezcal, encerrado en su habitación, hasta que finalizó el día. Sin embargo la bebida le dio inspiración y escribió:

TU SILENCIO

Adoro tu largo silencio,
que es como una partitura
y de tanto escucharlo, evidencio
que es el sigilo de la poesía pura...
Tu silencio cada día me enamora,
con su canto, con su balbuceo,

y entonces mi alma implora,
mirarme en tu silencio y no me veo...

En el silencio tenue de la madrugada,
me despierta una voz angelical,
aunque muda, sorda y desvelada,
pronuncia tu nombre en la oscuridad,
es cuando salgo del lecho, cabizbajo
y le alzo el holán a la enagua de la luna,
con el fin de esconderme por debajo,
y no sé si sea mi desgracia o mi fortuna,
pero tú estás allí, en vez de su refajo...

Y por último, escribió lo siguiente, mientras Osiel lo miraba con los ojos fijos sin verlo:

Juntos nos subimos al escenario del gran teatro de la ilusión, a dúo cantábamos la más hermosa canción y llegamos a obtener el premio a la mejor actuación; pero un día me dejaste solo en el acto sin cerrar el telón y te fuiste sin decir adiós. Pensaste verme aniquilado pero eso no sucedió y aunque la obra en un monólogo se convirtió, la multitud no ha dejado de asistir y quizás algún día, otra actriz pueda al escenario subir; sin embargo, te he visto entre el público escondida, que me vienes a aplaudir, tal vez con la intención de verme sufrir, pero para tu sorpresa no ha sido así, pues yo soy un gran actor.

No cabe duda que la bienaventurada adversidad me ha dado una gran lección y no me hace falta tu voz para entonar la misma canción, sin perder el compás. Cierto lo que dice el adagio: Con la mar en calma nadie se hace buen pescador. Ahora tranquilo espero el próximo capítulo de esta novela de la vida y tú espera el tuyo, porque la pluma del tiempo no para de escribir y en su momento te lo hará llegar para que lo representes en el teatro donde te toque actuar. Puede ser que uses un disfraz, pero no te olvides que no puedes cambiar tu papel en la comedia. ¡Eso es lo que exige este mundo llamado carnaval!

Ella llevaba un vestido azul celeste largo, adornado con el bordado de unas rosas en todo el contorno del escote y al final de la ropa que le cubría más allá de las rodillas. Se miraba visiblemente delgada, más porque traía unas zapatillas de tacones que la hacían verse más alta. Indudablemente era una mujer muy bella. *"Mucha mujer para ese mostrenco…"* -decían en el pueblo de ella-. Cuando se encontraron las miradas, ella corrió hacia donde estaba él y se estrecharon en un fuerte y extendido abrazo y luego se dieron un ansioso beso prolongado y ambos lloraron. Él prácticamente se colgó del cuello de ella porque la diferencia de estatura era notoria.

¿Dónde estabas? –Preguntó él.
-Eso qué importa. He venido a buscarte y lo importante es que ya te encontré.
-¿Por qué te fuiste?
-Eso no tiene ninguna importancia. Lo bueno es que ya estoy aquí y ahora sí nada ni nadie podrán separarnos.
-¿De veras? No tienes idea de cuánto sufrí por tu ausencia.
-¿Sí? Mi mamá me dijo que fuiste a buscarme a mi casa.
Ella le dio un tierno beso en la boca y agregó: Llévame a un lugar donde podamos platicar y tomarnos unas cervezas. Me muero por estar cerca de ti y verme en tus ojos negros que -como dice la canción-, nunca mienten…
-¿Dime por qué te fuiste y dónde estuviste todo ese tiempo? Parece que estar lejos de mí te hizo bien, ahora te ves más hermosa que nunca. Ahora debes entender por qué quedé prendido de ti, como si fuera una pinolilla que se aferra en los testículos de la virilidad.

-¡Gracias! Agradezco tu cumplido. La verdad es que adelgacé porque te extrañaba mucho. Tus recuerdos no me dejaban en paz y finalmente me venció el amor que siento por ti y he venido a quedarme contigo para toda la vida. También he venido a pedirte perdón porque has sufrido tanto como yo. Por haberme ido sin avisarte. Sé que te dolió y si en mi ausencia me engañaste, no tengo nada que reclamarte. Yo fui la del error.
-¿Pero por qué te fuiste en esa forma tan extraña? Sin decir adiós, sin ningún motivo y de repente. Te fuiste como si fueras una flatulencia retenida por varios días en el estómago.
-Ja, ja, ja, ja... ¿Por qué hace mi futuro esposo así, tú? Quería olvidarte, quería comprobar que tan fuerte era sin ti y me he dado cuenta que eres mi todo. Dejé todo por alejarme de ti y perdí todo, menos a ti porque te he encontrado. También quería comprobar si en verdad me amas y la verdad es que sacaste 10 en el examen de amor. La gente y muchas amigas me decían que eres un mujeriego empedernido y que nomás estabas jugando conmigo, pero creo que ambos encontramos la horma de nuestros zapatos. Nacimos el uno para el otro. Bien me lo dijo mi mamá: *La pija manda, hija..., la pija manda y con ella no vas a jugar.* ¿Por qué hace mi amá así, tú?

Ambos se rieron a carcajadas en aquel boulevard sin gente, sin sentido, sin tiempo, sin distancia y sin final, se tomaron de la mano y caminaron.

Él preguntó:
-¿A dónde vamos?
-A buscar un bar, quiero celebrar contigo este reencuentro.
-¡Acepto! Me hará muy bien tomar una cerveza bien helada, tengo mucha sed. Quizás sea por la emoción de verte. Tengo mucha sed.
-¡Bésame duende hermoso! Bésame como la primera vez, con ese beso conquistador.

-Ja, ja, ja, ja..., siempre extrañé ese nombre y hasta cantaba aquella vieja canción de Luis Cisneros Alvear y que popularizaron Los Dandy's: *"Como un duende yo sigo tus pasos/ con mi mente voy siempre contigo/ ahuyentando pecado y fracasos/ evitando que el negro destino/ se te acerque y te atrape en sus brazos..."*
-¡Guauuuuuhhh amor mío! Por eso estoy enamorada de ti, como nunca me imaginé amar a un hombre. Al principio pensé que me habías hecho "un amarre" pero ahora me convenzo que ese amarre no es más que los detalles que has tenido conmigo. Soy la mujer más afortunada y quiero confesarte que con sólo escucharte ya estoy bien mojada. Me enamoraste con todos tus detalles.
-¿Cómo cuáles, preciosa?
- No terminaría de decirte cuáles. Tus rosas, tus poemas, tus canciones, tus atenciones, tu romanticismo, en fin... ¿Te acuerdas aquella vez que me cantaste a la orilla del mar...?
-Sí, claro. Que hasta la gente aplaudió.
-¿Y te acuerdas cuando tapizaste la cama con rosas, dos corazones y nuestras iniciales?
-Sí, también lo recuerdo.
-Allí dije: De aquí soy; sin embargo, los desacuerdos de mis hermanos con nuestra relación, me hacían a que me resistiera a reconocer que te amaba, que te amo y que te amaré siempre. Tú sabes que te entregué lo que a ningún hombre había entregado, haciendo caso omiso a los consejos de mi mamá.
-¿Qué se traen tus hermanos conmigo?
-Ellos piensan que no eres el hombre ideal para mí y que en cualquier momento me vas a dejar y en el peor de los casos, con un hijo.
-Pero van a tener la satisfacción de besar mi leche, cuando tengan entre sus brazos a ese niño o niña con el color de mis ojos pero con tu hermosura.
-Ji, ji, ji, ji... Yo ya les dije que quiero tener un hijo tuyo, así como tú: ¡Inteligente y romántico!

-Te conozco, nunota y tú no me estás diciendo la verdad sobre por qué te fuiste. Hay algo que no me has dicho y quiero que me lo digas. La sinceridad es el principio de una buena relación y si te vas a quedar a vivir conmigo, no debemos tener secretos.
-Tienes razón duende de mierda (es de cariño, amor. Tú lo sabes, siempre te dije así, al igual que tú me decías coxha pexhoxha para no decirme cocha porque estaba gordibuena) ¿Me prometes guardar el secreto? Y te diré la verdad.
-Te lo prometo.
-Mi hermano Pipiripau alias *La Rubia* me dijo que si no te dejara, te iba a mandar a matar. Entonces tuve miedo y acepté su propuesta.
-¿Y en qué consistió su propuesta?
-En que me fuera a esconder a su casa mientras te olvidaba, pero estando allá, lloraba día y noche, casi no comía y caí enferma. Entonces él se preocupó y entendió que no es un capricho mío.
-Pero nunca me llamaste, algún mensaje o algo así.
-Porque cuando fue por mí a la terminal me arrebató el teléfono. De por sí ya me había dicho que no te avisara que me iría, porque ibas a evitarlo y lo vi lógico pero cuando me despojó el celular sentí que moría y comenzó mi martirio.
-Ahora me queda claro. ¿Y si cumple su palabra de mandar a matarme?
-Está bien pendejo él, ya le dije que me voy a embarazar de ti y él sabe si mata al padre de su sobrino. Además yo sería el primero en denunciarlo; no me importa que sea mi hermano.
-ja, ja, ja, ja…, buena ocurrencia pero…

De pronto ella lo interrumpió y exclamó:
-¡Mira, duende! Allí hay una iglesia, vamos a entrar y a pedirle a dios por nuestra felicidad.
-Tú sabes que yo respeto mucho esos recintos pero no entro.
-Hazlo por mí, anda. Tú también demuéstrame que me amas.

-No es necesario matar a la vaca para comerse el bistec y no necesito entrar a la iglesia para demostrarte mi amor. ¿Y si se cae?
-Pues que se caiga, moriremos los dos aplastados. ¿O tienes miedo morir junto a mí? ¿Por qué hace mi prometido asi, tú...?
-¿Quién dijo miedo? ¡Vamos entrando! Todo sea por tu amor...

Entraron a la iglesia tomados de la mano y se dieron un delicado beso justo en la entrada, precisamente cuando el sacerdote realizaba la homilía y a lo lejos se escuchó el sonido de la campanita que tocaba el monaguillo cuando el presbítero hacía reverencia en la eucaristía. La resonancia de la campanita se fue volviendo más intensa y lastimera, hasta que por fin se despertó para seguir escuchando la campana del camión de la basura que en esos momentos circulaba por la calle. Observó su reloj, eran las 11:23 de la mañana.

En efecto, tenía mucha sed. Se metió a la ducha y dejó que el agua de la regadera golpeara sobre su rostro, después se afeitó y mientras se cepillaba los dientes, observó por el espejo que Osiel no estaba en su lugar acostumbrado en la cama. Volteó rápidamente y en efecto, no estaba. Abrió la puerta de la habitación y salió al patio, todavía con el cepillo en la boca y envuelto en la toalla. La muchacha que hace la limpieza todos los sábados estaba limpiando los cristales de las ventanas cuando él le preguntó:

-¿Viste a alguien salir de mi cuarto?
-No señor, no vi nada. Solamente vino una señora que quería hablar con usted, pero como estaba dormido, la atendió su hijo.
-¿Cómo era la señora?
-Delgada, alta y morena. Llegó en un taxi especial y alcancé a escuchar que venía de parte de su hija. Al parecer su hijo entró

a su cuarto y algo le entregó porque escuché cuando la señora dijo: "Gracias, xhunco, hay dílelo él..."
-¡No puede ser!

Se jaló los cabellos y volvió a su cuarto. De pronto vio una hoja de papel escrita encima de su computadora y leyó:

No puedo llorar contigo,
  pero me duele verte llorar,
    sé que no puedes contar conmigo,
      porque no soy una persona real,
        lamento no poder ser tu amigo,
          sólo soy un muñeco en forma de oso,
            y no puedo brindarte abrigo,
              pero haberte conocido, fue maravilloso,
                tampoco puedo seguir contigo,
                  pero sí te puedo decir que luches,
                    en mí siempre tendrás a un amigo,
                      aunque sólo sea un oso de peluche...

Abrió la cortina de su ventana y contempló la mar, mientras unas gotas de lágrimas brotaban de sus ojos.

EN EL UMBRAL DE LA LUNA LLENA

*La gitana que leyó mi mano me dijo:
"Habrá alguien en tu vida que
siempre te acompañará,
donde quiera que vayas,
de noche y de día...
Una fiel compañera."*

Yo sabía, desde que ella me dio su último adiós, que me estarías esperando; tal vez fue una corazonada, pero lo confirmé cuando te vi erguida en el balcón de la casa, con tu vestido blanco. El mismo que te hace lucir más dominante e igualito al que llevabas puesto el día en que nos despedimos, cuando te aseguré no volver jamás a tu lado. Casi escuché tu balbuceo *"te dije, dices tú no..."*

El suave viento del sur dominaba tu cabellera hacia atrás y tus ojos de cacatúa me miraron por el rabillo; cuando confirmaste que era yo, corriste a esperarme en la sala, reflejando en tu rostro ese aire de triunfo, que en lugar de seducirme, me provoca un gran rechazo. Me pareció escucharte: *"Donde más que te quieran si no aquí"*, entonces me tiré en el sofá y sentí que me abrazabas con la frialdad de un cadáver.

No sé si fue despierto o dormido, pero recuerdo que comencé a llorar como si fuera un niño y entre sollozos comencé a recorrer las cortinas de mis recuerdos y revivir aquéllos momentos con ella. No sé si fue dormido o despierto pero te oí decirme: *"No te preocupes, por hoy ha sido suficiente, descansa, ya sabes que el tiempo y yo curaremos todas tus heridas..., yo te acompañaré siempre..."* Debí haber estado despierto, porque me acuerdo que me enjugaba las lágrimas con la manga de la camisa, o quizás lo soñé. A ciencia cierta, no lo sé.

Me metí a la recámara, me acosté sin desvestirme, sintiendo el peso de tu sombra, la luz se miraba tenue por las lágrimas de mis ojos; entonces los cerré y mis pensamientos se fueron hacía el día en que nos despedimos: *"Adiós, mala pécora"* -te dije- y nunca me imaginé volver. Era el solsticio de invierno, cuando la noche es más larga y el día más corto de todo el año. Mientras acomodaba unas cosas en una maleta, comencé a tararear *"Amarga Navidad"* de José Alfredo Jiménez y repetí muchas veces el estribillo *"diciembre me gustó 'pa que te vayas…"* Antes de dar el portazo final grité *"hasta nunca"* y me fui sin voltear la mirada.

Todo comenzó en pleno verano, yo aún no entraba en el umbral de la luna llena y ella estaba en el cuarto creciente. ¿Cómo empezó? No lo sé, quizás fue su franca sonrisa, el fulgor de su mirada o la negrura de sus cabellos, pero desde ese momento supe que era diferente a otras mujeres. No creo que ella me haya tomado en cuenta en esa ocasión; sin embargo su figura y su sonrisa quedaron prendidas en mi corazón ávido de ternura, cariño y comprensión, ese corazón que tú llenaste de tristezas, vigilias y morriñas. ¿Cómo empezó? No lo sé, sencillamente ocurrió paulatinamente como cuando la luna aparece en el horizonte y riega su resplandor sobre la mar serena.

Así comenzó aquella pasión, en pleno verano, bajo gotas de lluvia, entre pétalos de rosas, envueltos en el manto del atardecer, acurrucados en los regazos de un poema y rendidos en la alcoba del ensueño. Antes de que terminara el otoño, ella ya dormía en mis brazos y yo era el hombre más feliz de la tierra, el más envidiado por quienes se quedaron en el boulevard que conduce a su corazón. Ella te fue sustituyendo mansamente, de la manera en que sucede la metamorfosis de la mariposa. Para ser sincero, nunca te extrañé, no hacía falta.

¿Cómo sucedió? Como llegan los grandes amores, como aparece un arcoíris en la inmensidad, de la misma manera que se desprende un aerolito; de pronto nos vimos envuelto en el remolino de una embriaguez de pasión y la ansiedad de amarnos nos llevó a la alcoba del ensueño; de donde tardamos mucho para salir, porque sencillamente era como el paraíso. Para esos momentos, no hubo mejores estrofas que los versos de José Ángel Bueza: *"...Pero hay cosas sin dueño, las rosas y los ríos, el amor y el ensueño, y ella me dio su amor, como se da una rosa, como quien lo da todo, dando tan poca cosa..."*

Comencé a conocer todos los recovecos de su alma fresca, a mirarme en sus ojos color del cielo después de la lluvia, a respirar su aliento que se escondía entre el regazo del silencio y a recorrer todas los andenes de su cuerpo suave como el botón de una azucena acuática; ella, en cambio, se fue metiendo por todos los filamentos de mi corazón; donde nunca llegaste tú, ni algún resplandor de amor y ninguna flor había intentado dejar su aroma; aprendió mis poesías de amor y yo le hice segunda cuando entonaba su himno de placer y perdimos la cuenta de cuantas veces danzamos al ritmo de la música de la apoteosis, en el recoveco de la euforia.

Los días se hicieron más hermosos, especialmente los fines de semana de ensueños, donde los lamentos del silencio no podían penetrar porque chocaban con las estrofas de nuestra canción. La adicción de uno a otro, comenzó a reclamarnos más tiempo y la unión de nuestras manos fue encadenando nuestras almas al grado de que cualquier momento fue pretexto para estar juntos, así te fui dejando y me fui olvidando por completo de ti.

Y así fue como en ese preámbulo de la navidad me fui con ella a vagar, recomenzar, disfrutar..., recorrimos las calles de la hermosa Oaxaca, al igual que la espuma del jabón recorría nuestros cuerpos al terminar el rito; subimos a las ruinas de Monte Albán y contamos los escalones de todas las pirámides, como cuando dos enamorados cuentan las estrellas. Todos mis sueños estaban concentrados en ella; en nuestra primera noche, disfrutamos tanto la voz de Emmanuel que nos cantaba casi al oído: *"Vamos a amarnos despacio esta vez/que ya tenemos el tiempo del mundo/ya a ningún lado tendrás que volver/ es de esta noche tu mía y yo tuyo"*. Luego caminamos abrazados por aquellas calles empedradas, bajo la sábana de la noche y el bostezo de la madrugada. No nos alcanzó la noche para disfrutarnos.

Por ella y con ella conocí Mitla y sus colores, su pasado, sus leyendas y sus mitos. Mitla, ese lugar que los zapotecos llamaron *"lugar de descanso"* o *"lugar de muertos"* para los mixtecos. Llegamos a Hierve el Agua y nos confundimos entre los norteamericanos que disfrutaban de la tibieza de aquellas aguas, nos embriagamos con aquéllas escenas naturales que limpian el alma y nos sentamos en un enorme peñasco para contemplar el paisaje de la sierra hasta que cayó la tarde, con cientos de fotografías para el recuerdo. Claro que disfrutamos de la comida oaxaqueña, de las nieves, del mezcal y de sus artesanías, mientras nuestro amor se acrecentaba como una ola que busca su éxtasis en la parte conspicua de una roca.

Después del invierno, vino la primavera y buscamos las playas; Puerto Escondido fue testigo de nuestro fuego ardiente; la alberca de algún hotel fue la antesala del encanto, para luego terminar entre los brazos del placer, producto del perfecto apareamiento de almas y cuerpos. Comimos cayo margarita en Puerto Angelito y arroz con tichinda en Zapotalito; cantamos a capela en Cerro Hermoso al calor de unos cocos con piquetes y recorrimos en lancha la tranquila laguna de La Pastoría, como si fuera un espejo de agua donde se reflejaba la felicidad; nos perdimos entre las angosturas y llegamos a Chacahua con olor a mangle y con sabor a sal. Confundidos entre los nativos, caminamos por sus calles arenosas y ni los mosquitos ni las inclemencias del tiempo pudieron retener nuestras aventuras. ¡Oh Chacahua, esa enorme poza de camarón!

Por ella y con ella recorrí las calles de la tierra del hombre que dispersó la danza, tomamos "raspados" en el mercado y visitamos la iglesia de La Candelaria. A la luz de las estrellas charlamos hasta el amanecer con Juan Henestrosa, hablamos de poesía, de cuentos y de todo. Antes de que el sol saliera, nos bañamos en el río Ostuta y luego nos fuimos hasta llegar al final del único camino, allí donde desde el cerro El Encanto se ve la majestuosa bahía, serena y diáfana como la sombra de la luna. Allí, justo al final del camino, está la isla bella de San Francisco del Mar, Pueblo Viejo, subimos a sus cerros y nos revolcamos en la duna que dormía frente a la vieja iglesia; tomamos fotografías a los niños nativos del lugar, a los ancianos y a las iguanas negras que meditaban sobre las piedras. Comimos lisa horneada de "La Poza" en la casa de Juana Sotico y regresamos a San Francisco del Mar, Pueblo Nuevo.

Por ella y con ella, fui testigos de la fiesta de Corpus Christi y bailamos con los "negritos" las danzas de El sapo, La culebra, La malinche y El borrego. Con la ayuda de otras personas nos robamos El Torito y fuimos colgados de los calzontes de la enramada; saboreamos el endémico atole de espuma y el 'tamal de mareño' y nos reímos tanto con la extraña embriaguez de la euforia. En el siguiente verano, conocimos la misteriosa campana de San Mateos del Mar, su cultura y su miseria, sus dunas y sus pampas; probamos la tortilla de camarón y los mengh, más ricos que el guetabingue de Juchitán, "el secreto está en la manteca", nos dijo la cocinera. En Santa María del Mar, nos subimos a una lancha y llegamos a la famosa barra de San Francisco, la misma que los pescadores de alta mar aseguran que traga barcos. Para ese entonces, ya te había olvidado por completo y tú nunca tocaste a mi puerta. Hubiera sido un atrevimiento.

Mientras transitamos tantos kilómetros de carreteras, unas asfaltadas y otras en condiciones deprimentes, ella escuchó tantos poemas y canciones; lo mismo le declamé los versos de Mario Benedetti "*...Te quiero para volvernos loco de risa, ebrios de nada y pasear sin prisa por las calles, eso sí, tomados de la mano, mejor dicho... del corazón*" que le canté las tonadas de José Alfredo Jiménez "*Vámonos, donde nadie nos juzgue, donde nadie nos diga que hacemos mal...*" y luego los chistes de todos los colores. Así recorrimos el camino escabroso para llegar a San Dionisio del Mar, para comer frente a la bahía o sencillamente para visitar a los amigos y así fue que asistimos a la fiesta del pueblo que se celebra en octubre y vimos danzar a los nativos.

Nos admiramos de los instrumentos musicales hechos de caparazón de tortuga, cuernos de venado y piel de animales silvestre y entonces caímos en la cuenta que entre esos lugares hermanos existe una identidad cultural endémica, pero que puede desaparecer. En los trayectos a muchos pueblos olvidados, nos detuvimos tantas veces a contemplar la belleza natural, a bañarnos de aire puro, a escuchar el canto de las montañas y a fundirnos entre la voluptuosidad del ósculo. Todo era como un romance de la edad primera, pero con la intensidad del amor que no conoce el límite, con locuras y gemidos, travesuras y apoteosis. La cordura era una posición difícil de adquirir entre la gente; siempre estábamos ávidos de las discretas alcobas del ensueño.

Por ella y con ella, me bañé en las claras aguas de Nizanda y correteamos iguanas en el camino solitario; en Río Grande, cometimos travesuras y nos bañamos con todo y ropa, al igual que en El Estero, ante las miradas envidiables de la gente; nos reímos hasta revolcarnos en el césped; entre la admiración de los testigos. Algunas veces fuimos a Bahía La Ventosa y comimos ostión, pescado y pulpo. Conmigo ella aprendió a comer mariscos y ajos fritos, que nos dejaban un mal aliento para la gente, pero a nosotros nos excitaba. Nos relajaba mucho introducirnos en los bosques y pegarle al blanco con un rifle de diábolos que compramos en Oaxaca.

En playa cangrejo, pasamos largas horas acostados en la hamaca de la enramada de Chayón, mientras el mar nos cantaba con su voz desafinada; destrozábamos el pescado asado y sólo nos íbamos cuando la noche le arrebataba la claridad a la tarde. En la Escondida de Guelaguiche nos tomamos fotografías en blanco y negro y estuvimos a punto de perder la cordura en una choza abandonada y como no encontramos qué comer, nos alimentamos de besos, caricias, canciones y risas.

La cargué tantas veces, desde alguna playa a la camioneta, o desde una piedra, una habitación o un lecho. Perdimos la cuenta de todos los lugares que visitamos, de todas las variedades de comida, de los nombre de los hoteles y de los números de las habitaciones que nos asignaban. En Puerto Ángel, los pescadores nos agasajaron con el exquisito manjar de tortuga y tuvimos que hacer a un lado nuestros principios ecológicos para no escuchar el reclamo de nuestras conciencias y no pudimos comprobar el afrodisíaco que ha hecho tan famoso al quelonio porque nuestro amor suplía todo. El lugar y el momento era lo de menos; lo mismo aprovechábamos la mañana, que la tarde y el medio día; el sofá, la silla, el mar, la laguna, la camioneta, la regadera, la alfombra, la lluvia, la lancha, el cerro, en fin...

Entre coplas venusianas, humedad y locuras, caíamos rendidos, como dos inocentes en una cuna. Así nos pasó en Pochutla, a donde llegamos de noche, después de que los zancudos nos ahuyentaron de una cabaña en Zipolite, en donde, por cierto, bailamos hasta el cansancio, nos reímos y pretendimos confundirnos con los nudistas en condiciones iguales. Visitamos con unos amigos del Distrito Federal, las playas de Huatulco, La entrega, Maguey y más allá. Jugamos a las carreras en la playa y tomamos coco con ginebra. Nuestros amigos perdieron el vuelo, porque estaban encantados de la belleza de la zona y del paseo en lancha por las inquietas aguas del Pacífico oaxaqueño. Nos divertimos de la explicación del guía y conductor de la embarcación, porque cuando se le terminaban las palabras volvía a repetir lo mismo.

Es cierto, tú también me acompañaste a muchos lugares, pero siempre fuiste callada, nunca me hiciste reír y siempre pasaste desapercibida. Ella, en cambio, era todo lo contrario. En Veracruz, disfrutamos del café en La Parroquia y del platillo típico pornográfico: Una picada de huevos sobre la gordita. En Catemaco le dimos de comer a los monos y entramos a la choza del brujo quien predijo nuestro destino; por cierto, dijo que jamás te volvería a ver y ella quedó encantada. Al final, la gitana se equivocó, pues aquí me tienes.

En el Distrito Federal viajamos en bici-taxi y comimos todo lo que encontramos; llegamos a Toluca, nos aventuramos hasta Zitácuaro y llegamos a la región de Tierra Caliente donde comimos *"tapado de olla", "aporreado" "toqueres" y birria*. Desde luego, también hicimos muchos amigos. En Acapulco, hicimos nuestra mayor travesura, pues nos bañamos desnudos entre la multitud y nadie nos censuró; más tarde, disfrutamos de la noche estrellada y del remanso de la habitación y retornamos en autobús, cantando canciones que llevara el nombre de cada objeto que descubríamos, mientras la gente se divertía con nosotros.

Por ella y con ella, llegué a la encantadora Tapachula, era una noche estrellada en la que claramente se distinguía en la esfera celeste El Soplador, la Cruz del Sur y otras constelaciones,; ni el cansancio ni tu recuerdo hicieron mella en nuestra relación; al contrario, la cama fue como el postre. Comimos langosta en Puerto Madero y un amigo nos llevó a Playa Linda a comer guachinangos. Después cruzamos la frontera Sur y conocimos algunas provincias de la planicie guatemalteca: Tekum Umán, Coatepeque, Retauleu, San Marcos, Quetzaltenango y, desde luego, la Antigua Guatemala. Comimos churrascos y tomamos cerveza Gallo, compramos ropa y nos tomamos fotografías en un sin fin de paisajes. La identificación de Stereo Fiel decía: *"Cubriendo la comarca soconusquense y el litoral fronterizo de nuestra hermana república de Guatemala, trasmite..."*

Nos regresamos por la frontera de Ciudad Cuauhtémoc, nos quedamos con las ganas de ir a Motozintla, porque preferimos llegar a Comitán, donde comimos palmitos en escabeche. En la templada Tuxtla Gutiérrez disfrutamos del paseo de los apóstoles en la catedral. Nos embriagamos con los paisajes del Cañón del Sumidero y nos perdimos todo un día en el Zoológico.

Por ella y con ella, conocí muchos más lugares, incluyendo el cielo, conocí el amor y si no fuera por los vestigios pensaría que fue un largo sueño; todo fue encanto, miel y felicidad. Por ella y con ella me olvidé por completo de ti o creí haberte olvidado, con ella crucé el umbral de la luna llena y con ella pensaba llegar al cuarto menguante hasta extinguirme, pero algo pasó y aquel amor se esfumó por las rendijas de la libertad. Ahora estoy nuevamente entre tus garras, como un gorrión en las fauces de una víbora.

Es imposible conciliar el sueño lejos de ella y cerca de ti; es cierto, estoy en tu lecho pero no en tu corazón; estás a mi lado, pero ella está en mis recuerdos. Está bien, al final ganaste, pues he vuelto a tu sitio; entonces hagamos un trato: Viviré contigo y tú siempre me acompañarás, cruzaremos juntos el tramo que resta de mi luna llena, entraremos al cuarto menguante y te extinguirás conmigo; pero jamás te daré el gusto de ser tuyo.

Mi corazón se ha quedado con ella; la grieta que provocó el meteorito de su amor es un tatuaje de recuerdos que ha quedado perenne en mi corazón. No insistas, confórmate con vivir a mi lado, como yo estoy conforme. Tú me amas, pero yo te desprecio…, Ladina Soledad.

EPÍLOGO

La gitana, húngara se dice en el pueblo, que leyó mi mano en el umbral de la luna llena, me dijo: *"Habrá alguien en tu vida que siempre te acompañará, donde quiera que vayas, de noche y de día, en las buenas y en las malas. Una fiel compañera..."* Hoy, después de tantos años, caigo en la cuenta que ese "alguien" eres tú, Ladina Soledad.

LA BROZA

El Martes Santo, prácticamente inicia la celebración de la semana santa en Tihy Kambaj. Es noche de fiesta en el panteón, hay música de viento en las tumbas, cervezas, comidas y alegría en lugar de tristeza. La gente se retira después de la media noche cuando el personaje conocido como El Judío haya arribado al lugar, principalmente para cobrar los impuestos, ya que a partir de esa noche y hasta la tarde del Viernes Santo, el mandato del pueblo estará a cargo de él. Ni el coronavirus pudo detener esa fuerte tradición.

Precisamente en la noche del Martes Santo, él -ahora de 41 años-, de sopetón se encontró con ella, en uno de los recovecos del camposanto. Ella, con más de 50 años en su espalda, aquella locura sentimental de la edad primera que no había visto en muchos años. "¡Hola!" le dijo y ella respondió con una sonrisa fresca: <Ola hace la mar>; "Martes es hoy, tú ese, o nada", repuso él, <Nada el pato> contestó ella. "Pa tu boca está buena una michelada", replicó él; <Chela da, pero cobra> volvió a responder ella y agregó: < ¡Puto, si contestas!>

Soltaron la carcajada como si nunca se hubieran dejado de ver. "Los que no envejecen son tus ojos ni tus labios" dijo él ya en plan serio y ella hizo como que no escuchó. Con su siempre coqueteo femenino le acomodó el cuello de la camisa y balbuceó algunas palabras: < ¿Qué comes que no envejeces?> dijo. "Me alimento de tus recuerdos" repuso él. <Sigues de mentiroso> añadió y volvieron a reírse. Él sacó su teléfono su celular y después de unos segundos le dijo: ¡Escucha! Entonces se escuchó la voz de José Alfredo Jiménez: *"Cuanto tiempo busqué tu cariño y anduve borracho, borracho perdido de tanto quererte… Yo me acuerdo que estaba chiquillo y no iba a la escuela porque no aguantaba seis horas sin verte…"*

<¡Bien que te acuerdas…!> Exclamó ella. "Tus recuerdos están tatuados en mi alma…> contestó él. <¡Tíralo ese…!> Dijera Tere, volvió a decir ella. Y otras carcajadas.

<¿No trajiste tu mujer, pues?> Preguntó ella. "¿A caso sabes que tengo?" repuso él. <¡Juégame! Si tú, tajo de taganero eres…> "¡Ah yegua! Va ser taganero su caballo de Leu Fan…" Más risas.

Se abrazaron y él le dio un suave beso en la mejilla. "Que estés bien y cuídate mucho mi chica linda" dijo él. <Tú también cuídate mucho nuno hermoso, está por demás decirte que estás en un lugar muy especial de mi corazón…> Dijo ella. Luego emprendió la marcha y se entreveró con la multitud que imperaba en el panteón. Él continuó parado en el mismo sitio y la siguió con la mirada mientras ella se alejaba. Llegó al lugar donde estaban las tumbas de sus padres y allí la esperaba un hombre desaliñado, cabello largo, de sombrero y con la camisa desabrochada, a quien le dio el plato de pollo garnachero que llevaba en la mano.

A pesar de la poca luz que había en las tumbas pudo ver que ella destapaba cervezas y las repartía entre sus invitados y observó cuando se llevó una a la boca y no bajo la botella hasta que la terminó. Así lo intuyó porque después tiró el envase al piso. Ella también estaba descuidada en su vestimenta y aquella hermosa cabellera de antaño ahora era como rayos de luna llena reflejada en la laguna de la nostalgia. Cuando se río, se notó que le faltaban dientes y aquél que fue un rostro impecablemente hermoso se había convertido en la cara del sufrimiento donde deambulaban las hojas sueltas del otoño.

Había estado, aunque por unos instantes, ante la mujer por quien estuvo a punto de dejarlo todo, como si todo fuera poca cosa para un niño que comenzaba a soñar con un mundo mejor. Ahora, después de muchos años, sin saber cuántos, se había encontrado con ella, lejana como una estrella, de quien estuvo perdidamente enamorado, al menos así lo creía mucho antes de entender que el amor es una enfermedad benigna que se cura con el tiempo. Sin poder evitarlo, se abrieron las cortinas de sus recuerdos, de par en par, como si fueran las ventanas de una casa sin paredes y sin puertas.

Ella nunca le llamó por su nombre, sino que le decía <mi nuno>, mi nuno por aquí y mi nuno por allá. Eran los tiempos en que el pueblo solamente contaba con algunas cuantas casas, casi todas con techos de palma y paredes de barro, calles amplias pero vacías y donde se escuchaba el latir del corazón del silencio nocturnal entrelazado con el ladrido de los pocos perros. Para celebrar la llegada de la luz eléctrica, en el único tocadiscos se hacían las complacencias musicales: *De parte de un joven que va de paso, complace para una señorita que mañana parte con rumbo desconocido y para ella, esta bonita melodía...*

Entonces se escuchaba la canción en la voz de Juan Gabriel que entre sus coplas dice: *"De esa chica yo estoy enamorado/ pero nunca le he hablado por temor/ tengo miedo que ella me rechace/ o que diga que ya tiene otro amor..., no se ha dado cuenta que me gusta/ no se ha dado cuenta que la amo..."* y aquél niño adoraba en silencio a esa chica que estaba muy lejos, pero al mismo tiempo tan cerca de él. Lejos, porque ella era una hermosa flor en un jardín con dueño, de más de veinte años y él, un niño precoz de once, que soñaba despierto. Cerca porque eran vecinos, se miraban todos los días, jugaban en las noches y muchas veces sin querer, sus manos se encontraban como la rosa y el colibrí. Él -aun a su corta edad–, sabía que esos roces tenían un linaje diferente a la de la casualidad.

Esa calle que él miraba tan ancha para no poder alcanzar el fondo de su corazón y tan estrecha para perderse, con solo dar unos cuantos pasos, en la luz de su mirada de luna tierna y en el perímetro de su cuerpo con el aroma de leña recién cortada. Por capricho del destino, en el libro de Español de sexto grado de primaria venía un hermoso poema titulado Romance de las Estrellas de Rubén C. Navarro y en su última estrofa decía: *"Las estrellas no se tocan, sólo se ven y se sueñan."* Entonces él entendió el enorme dilema: Tan cerca del amor de la edad primera y tan lejos de aquella hermosa mujer. La más bella que habían visto sus ojos hasta ese entonces, con unos labios carnosos y suaves como el hicaco de Isla Bella.

Ella era como una azucena acuática que olía las veinticuatro horas del día para perfumar el ambiente o como un torrente de agua clara que refrescaba la esperanza de un corazón desvalido. Era una chica con una magia angelical, por eso los perros no le ladraban al pasar por las calles desoladas de aquel lugar con casas contadas y entrelazadas con el olor de un pueblo nuevo. Por eso las mariposas volaban a su alrededor como queriendo disfrutar de aquél néctar fresco y salobre como el remanso del agua que fluye justo donde hace su apareamiento el río con la mar.

"Esa chica, sin pretenderlo –creo yo–, me estaba adelantando la adolescencia y se estaba apoderando de mis noches y de mis madrugadas..."

En las noches estrelladas, como no había otra diversión, se ponían a contemplar el cielo y mirar a Los Siete Reyes, El Soplador, la Osa Mayor, La Cruz del Sur y otras constelaciones astronómicas. De repente observaban que se desprendía una luz del espacio y se perdía en la inmensidad de la noche. Ella, que era como la maestra de los niños, decía que se trataba de un satélite; así también él conoció al Pe Anch, el lucero flojo que ella aseguraba que era el planeta Marte.

Cierto día, el canto de los gallos del pueblo se opacaron -más porque eran pocos-, e imperó la música de una banda desafinada que despertó a los pocos vecinos y ya no pudieron dormir, sino que poco a poco se fueron levantando y acudieron a la casa de la vecina, donde estaban repartiendo chocolate con pan. Así se supo por todo Tihy Kambaj que aquella hermosa mujer se había huido con el novio y que, en consecuencia, pronto se iba a casar. Más tarde comenzó la fiesta y concluyó después de las seis de la tarde. Al caer la noche aquél niño se fue a dormir y desde el petate pudo sentir la impotencia del celo y se imaginaba viéndola sonreír en los brazos de aquel hombre que no conocía pero que quería acabar con él. El celo genera rencor.

"Me había herido con las espinas de una rosa que jamás había acariciado, mucho menos haber cortado. Lo peor es que no sabía que las rosas tenían espinas..."

Ciertamente, hubo alegría, refrescos, música y comida en la fiesta de "amanecida" pero aquel caldo de pollo a él le supo a tragos amargos de su primer desconsuelo. Jamás ha podido olvidar, que mientras sus padres y sus hermanos dormían, en la penumbra de la media noche, él sin poder conciliar el sueño, se levantó, abrió la puerta de la casa y encendió la luz de la modesta enramada. Se sentó en una palmera caída que se usaba de asiento; después fue por cuaderno y lápiz para escribir sus primeros versos, sin fecha y sin nombre:

> Nunca te lo pude decir,
> que estoy enamorado de ti.
> Ahora, de repente te has ido
> y dejas mi corazón herido.
> No sé cómo le voy hacer,
> para dejarte de querer,
> para dejarte de amar,
> para poderte olvidar.
> Nunca te lo pude decir.

Hubo otra fiesta en la boda de aquella bella mujer y todas las escenas quedaron como retratos en la memoria de él, metida en su hermoso vestido blanco, esos retratos fueron mejores que las que el retratista tomó ese día, porque las de él quedaron indelebles como un tatuaje en aquel tierno corazón. Entre cohetes, confetis y dianas se escuchaba el clásico ¡Vivan los novios!

"Los cohetes que tronaron en esa boda fueron explosiones en mi alma y –aún ahora–, cada vez que escucho la marcha 'Besos y Cerezas' mi pensamiento vuela a aquella tarde en que salió de la iglesia del brazo de su esposo hacia su casa, con dos pajecitos levantando la cola del vestido. Se miraba feliz y yo no la perdía de vista, desde lejos, de tal manera que ella no pudiera respirar mi nostalgia ni escuchar los sollozos de mis entrañas, aún así también grite: ¡Vivan los novios!"

Tanto el chileajo como el refresco Doble Cola al niño le supieron a hiel de pescado, sus emociones eran un oasis de melancolía en aquella pampa de alegría que duró hasta el otro día con la tradicional lavada de olla. Mucha gente comió, bailó y se emborrachó, mientras que él estaba embriagado del dolor que causa el desamor de una relación que nunca existió, pero que había roto el himen de su corazón. Luego ocurrió lo que nunca se imaginó; su marido se la llevó a vivir a otro pueblo y él se quedó con sus recuerdos, los primeros de su pubertad.

"Hice de aquellos recuerdos un manojo y los colgué del único clavo que en ese entonces tenía mi alma..."

Como las distancias son los caminos del olvido, los recuerdos de ella se fueron enredando entre el trabajo del campo, la pesca, la escuela y los juegos de pelota. Entonces Tihy Kambaj se fue acostumbrando -al igual que aquel niño- a estar sin la mujer más bonita que tenía, porque las otras, no muchas, se habían ido a trabajar a las ciudades. Al poco tiempo, él también se marchó del pueblo en búsqueda de mejores horizontes, como una gaviota que vuela al ras de las olas de la mar.

Cierto día, después de tres años, ella volvió al hogar de sus padres. Inmediatamente la noticia se propagó por las calles del pueblo como polvareda que hace un carro al pasar. Después se supo que había enviudado y que su esposo había sido asesinado por viejas rencillas con algunas personas. Aquella flor de primavera se había quedado sola en un jardín sin dueño, venía con una niña en los brazos pero más bella. Como que ser madre le había asentado, lucía hermosa, a pesar de andar vestida de negro; sin embargo, después de un año de guardar luto, su vida dio un giro total. Se convirtió en la primera magdalena de Tihy Kambaj, al menos no se sabía de otro caso.

Como en el cuento bíblico, daba la impresión que había llegado de Magdala, porque pronto su casa, tan humilde como la de aquél niño que ahora estaba en la adolescencia, se convirtió en el refugio de los hombres perjuros; nido de borrachos, música campirana a altas horas de la noche y ella -sin quererlo, quizás-, se convirtió en una mujer odiada por las esposas de los parroquianos. Él también volvió al pueblo de vacaciones, porque ya estaba en tercer grado de secundaria en un internado. Había embarnecido.

En cuanto ella se dio cuenta de que él ya estaba en su casa, lo fue a saludar, le seguía llamando <mi nuno> y le pedía permiso a la madre del muchachito para que la acompañara a la iglesia, a traer el agua al pozo, a leñar, a ir de compras o a vender el pan.

"Así nos volvimos a acostumbrar uno al otro; como el yugo sobre la nuca del buey, como la mariposa y la flor, como la música y la palabra para fundirse en una canción…"

En sus noches de "descanso", ella llegaba a la casa de él, a jugar 'la lotería', a contar cuentos o sencillamente se sentaban en la hamaca y platicaban bajo aquél cielo estrellado y la bella luna como centinela. En los juegos de la lotería ella tiraba las cartas con una gracia única. Se le escuchaba de decir: <La rana mujer del sapo, si no me lo das te capo>, <La rosa, rosita, rosario, bonita como la mamá de Nazario>, <El caso que te hago es poco, el caso>, así seguía hasta que alguien gritaba: ¡Lotería!

Como no había luces en la calle, ella le pedía que la acompañara a su casa y siempre se despedían con un tierno beso en la mejía. Nunca pasó de eso. Algunas veces el padre de él les prestaba el caballo para ir al poblado vecino cuando se trataba de comprar cosas que no había en el querido pueblo; entonces el muchachito se iba en ancas y se sujetaba de su cintura para no resbalarme del cuaco.

Así fue como una hermosa tarde, sin que él se imaginara, ella le tomó las manos y las puso en sus senos, que eran como un par de mangos Tommy, los más conspicuos de aquel hermoso cuerpo, labrado cuidadosamente por el escoplo de la juventud. Aquel instante fue como la descarga de una música sublime que al adherirle unos versos se convirtió en la canción jamás cantada. Él sintió una corriente eléctrica recorrer todo su cuerpo y un tierno líquido empezó a escurrir por su pierna izquierda.

En el umbral de la luna llena | 85

"Creo que me quedé sin habla porque no pude articular alguna palabra, como cuando el tornamesa se niega a reproducir alguna melodía..."

Ella volteó a verlo y balbuceó, como si fuera el aleteo de un colibrí:< ¿Te gustan?> y él asintió con la cabeza porque su voz seguía enredada entre la vorágine de su garganta. <Son tuyas>. Antes de llegar al río, ella puso las manos de él en su cintura, porque habían varias personas cruzando y así llegaron al mercado donde compraron lo que tenían que comprar y se devolvieron a Tihy Kambaj cuando el sol agonizaba en el lejano horizonte. Cuando parecía que sobre la meseta estaba extendida una gran sábana del color del ensueño.

"Cuando estábamos cruzando el río, ella me propuso que nos bañáramos y yo accedí porque sencillamente ya estaba atrapado en el hechizo de sus encantos; apersogamos el caballo y caminamos unos cincuenta metros por la ribera hasta llegar bajo un frondoso árbol de amate..."

Las ropas quedaron en la playa del río, mientras dos cuerpos desnudos se metieron al agua, en el punto exacto de temperatura, como cuando la tortilla entra al horno. Corría el mes de agosto y era común que de pronto el río se ahondara por las constantes lluvias, pero ese día se portó a la altura de una celestina elegante. <Es tu primera vez ¿verdad?> preguntó ella. "No, siempre me baño en el río" repuso él. Entonces ella se rio y agregó: <me refiero a que es la primera vez que vas a estar con una mujer...> Notó que el temblaba mientras asentía con la cabeza. <Es para mí un gran honor ser tu primera vez, yo voy a ser tu maestra, tú solamente has lo que yo te indique...> El alcanzó a decir "sí..." antes de que aquellos labios voluptuosos se apoderaran de los suyos.

El prodigioso Ficus insípida o amate era un perfecto alcahuete porque su tronco no sólo era grueso, sino partes de sus raíces comenzaban desde aproximadamente un metro y medio por encima de la tierra, así que era un bello refugio para una pareja que había vencido al pudor en busca del camino al cielo, alucinada por los efectos del placer, más que del amor.

"La corriente del río había hecho un recoveco en las raíces del árbol y justo allí nos acomodamos. Ella me dijo que comenzara por sus senos, mientras me oprimía la cabeza contra su pecho. Comenzó a jadear en susurro y después se volteó y me dijo: <Has un recorrido con tu lengua por toda mi espalda, comienza por mis nalgas y termina en mi cuello y oídos, como si estuvieras chupando un barquillo de nieve…> En tanto con sus dedos de la mano derecha se acariciaba el vórtice de sus piernas. Después ella se sentó en una de las raíces que provocaban remolinos de agua y me dijo que me prendiera de su caracola. Sintió que no estaba cómoda, entonces se acostó en el lodo con las piernas entre abiertas y dijo despacito: <Como si la estuvieras lamiendo, pero rapidito…>

"Llevó mis ambas manos a sus senos, me tomó del cabello y me jaló hacia su clítoris, oprimiéndome con sus piernas. <Así, mi nuno, no pares…> dijo, luego sus piernas comenzaron a temblar y desahogó un grito placentero que se propagó por todo el carrizal de la ribera, como si fuera la resonancia de una campana celestial. Inmediatamente después, aquella hermosa mujer, me acostó en aquel lodazal y arriba de mí, se llevó la proeza de mi primera vez, se quedó con mi inocencia y me demostró todo lo que había aprendido en el dulce arte del sexo. Al unísono cantamos a capela esa canción sin música y sin letras, en un claro quebrantamiento a la decencia. Fue como un padre nuestro invocado por un ateo y entonces caí en la cuenta de por qué le decían La Broza…"

"Recordé a mi profesor de Ciencias Sociales de la secundaria cuando refirió lo dicho por Aristipo de Cirene, acerca del placer, muchos siglos

antes: 'Da fe que el placer es el fin, es el hecho de que nosotros desde niños irreflexivamente estamos habituados a buscarlo y una vez que lo hemos alcanzado no buscamos nada más, y que nada rehuimos tanto como lo opuesto a él, el dolor. El placer es un bien, incluso si se origina de los hechos más vergonzosos...' Todavía lo tengo presente."

Las aguas del río no pudieron lavar aquellos vestigios de caricias que quedaron de la cabeza a los pies de aquel niño adolescente y de pensar que hasta ese entonces, ningún beso se había posado en la ignorancia de sus labios, por eso no supo si alucinó o en verdad había visto la fantástica flor del amate o era el reflejo de la luna llena sobre las hojas del árbol. La leyenda pueblerina aseguraba que aquella persona que viera la flor del amate sería afortunado en la vida, principalmente en el tema del amor. Lo que seguía resonando en sus oídos como la campanita del sacristán en la homilía eran aquellas cinco palabras dichas por ella, casi en murmullo: <deja que yo te guíe...> y el viento de su voz cándida lo estremeció.

"Mientras a lo lejos, muy a lo lejos, como aullidos de perros revolcados por el viento de la incipiente noche, me pareció escuchar a Federico García Lorca decir: Y no quise enamorarme, porque teniendo marido me dijo que era mozuela, cuando la llevaba al río..."

Y en verdad no quiso, pero su voluntad ya estaba encapsulada en un deleite de pasiones precoces y ternura, fuera de lo tradicional en Tihy Kambaj, porque él había escuchado que en el pueblo sólo habían dos maneras de hacer el amor: Pagando y casándose. Ambas estaban fuera de su alcance; sin embargo, estaba desnudo junto a ella bajo la sábana fresca del río y oliendo a tierra mojada. Aquella joven viuda era un poema silvestre, sin principio y sin final, su claro cuerpo estaba impregnado del olor a versos peregrinos, como el que se escapa de las olas cuando se besan con las rocas. Como era tiempo de las aguas, de pronto la luna fue oculta por el telón de nubes negras y una fresca lluvia intentó apagar –sin conseguirlo-, aquella llama de pasión, justo cuando ya estaban en el omóplato del fiel penco que caminaba con la rienda suelta, mientras los dos cuerpos húmedos se acoplaban en un modo cóncavo y convexo en la montura, también con las riendas sueltas.

<Para ser tu primera vez, lo hiciste muy bien…> dijo ella. Él no respondió sino que puso su cabeza en la espalda de ella y balbuceó: "No me quisiera separar de ti…" <Te seguiré enseñando los secretos de hacer el amor, para que cuando estés con otras mujeres te acuerdes de mí, eres un buen aprendiz…> Con un tono de preocupación él le preguntó: "¿No hay riesgo de que salgas embarazada"? <Pues si salgo, tú lo vas a mantener, ¿o no puedes?> "No es eso, tú sabes que estoy estudiando…" Ella sonrió y le dijo: <No te preocupes, nuno, todavía estoy amamantando a mi nena y así no hay ningún riesgo. Soy una mujer hecha y derecha…> "Ah…, con razón." <¿Con razón, qué? "Salía leche de tus pechos…" <¿Te gustó?> "Quiero más…" <Eres un jambado…>

Antes de llegar al pueblo, ella le dijo con mucha seriedad: <De esto nadie lo debe saber porque se va hacer un chisme de los mil diablos> él asintió con la cabeza, mientras ella agregó < ¿Ya entiendes ahora por qué eres mi nuno?> y ella misma dio la respuesta <Porque yo te amamanto y ahora también serás mi marido secreto…, te haré muy feliz y yo seré muy feliz contigo, pero te aconsejo que no te enamores de mí.> "¿Por qué?" <Porque yo soy una pecadora, por no decir otra cosa.> Pero al parecer ya era muy tarde y a pesar de su advertencia, aquel jovencito se sintió el ser más afortunado del mundo, sin darse cuenta y sin pretenderlo, estaba dando los primeros pasos sobre los cardos del amor. Después de que dejaron el caballo pastoreando, aprovecharon la cerrazón del tiempo para apersogarse con un beso corto en tiempo pero perenne en el recuerdo.

"Sentí que su aliento me bebió el corazón, como cuando el oso hormiguero le chupa el seso al perro para dejarlo inerte..."

Nuevamente él fue arrastrado hacia aquella poesía erótica como si fuera la hoja seca de un árbol atrapado en un torbellino apoteótico o en el vórtice de un huracán embelesado. Esa noche no pudo dormir porque sencillamente se encontraba eufórico con el vino del primer sentimiento, mientras seguía escuchando la danza de los suspiros de ella y aún sentía las pisadas de sus besos en todo el cuerpo. Sus encuentros pasionales con la viuda joven y bella tuvieron muchos escenarios, menos la cama. El monte donde iban por la leña, el omóplato del caballo, el río, el aula de la escuela, la iglesia en construcción, el panteón, las casas abandonadas, el árbol de mango, la ladrillera, en fin… ¿No fue Cicerón quién había dicho que *"el placer es digno de los brutos…?"*

Su casa estaba destinada para lo que ella llamaba <el lugar donde me gano el pan de cada día…> Él no entendía eso de "me dedico a vender placeres" pero la maestra buscaba la mejor pedagogía para que él entendiera la parte adolorida de la lección: <Como tú sabes, mi papá ya no puede trabajar, mi mamá menos, entonces yo tengo que buscar la vida para mantenerlos y a mi hija que apenas va a cumplir dos años; si te acuerdas, empecé vendiendo pan, pero las ganancias son pocas y no alcanza, entonces opté por vender cervezas en las noches y complacer a los hombres que pueden pagar lo que yo cobro…> "El cura Bernardo dice que tú eres una mujer mala, -le decía él-, dice que no deberías ir a la iglesia…" Y ella argumentaba: <Cuánto diera el cura por venir a mi casa, él también quiere que le cante mis canciones, pero no se atreve a llegar. Está

molesto porque dice que los hombres prefieren visitarme que ir a su iglesia, pero eso no es cosa mía.>

El protestaba, pero ella se defendía: <Pero con ellos no lo hago como contigo, mi nuno, tú eres otra cosa. Me repugna estar con ellos, más si están borrachos, algunos llegan con olor a sudor agrio y otros les apestan la boca a fosa séptica. Quizás tienes razón en decir que es el trabajo más sucio, pero en este pueblo donde no hay otra alternativa, no me queda más que sufrir porque más que trabajo es un sufrimiento. Con decirte que cuando llega la noche, comienza mi martirio; me gustaría nomas vender cerveza y mezcal pero la mayoría viene más por mí que por el trago, no les basta con oírme cantar.> Sus lágrimas rodaban por su bello rostro y él las enjugaba con sus besos. Ella agregaba: <Los únicos momentos felices son los que paso contigo, es cuando verdaderamente me siento mujer y es que creo que estás hecho a mi medida; nomas estoy contando las horas para estar contigo>.

<A veces te veo desde lejos y te confieso que basta con eso para humedecerme, para que mis pezones se ericen y pidan a gritos tus labios. Estoy enamorada de ti, mi nuno, algo que quise evitar, no debí hacerlo, pero la fuerza de tu amor es más fuerte que mi carácter, me dominas cuando nos bañamos en el río o cuando me persigues y me alcanzas en los sembrados, disfruto mucho de tu creatividad, no pareces un aprendiz, sino un hombre aleccionado. Deberías ser mi marido para toda la vida, pero yo no soy quien decide nuestros destinos.>

"Te quiero para mi solito" le decía él y miraba en aquellos ojos –hasta azul de negros-, una luz de impotencia y de súplica: <Entiéndeme, mi nuno, yo soy tuya nada más pero tú no podrías mantenerme, apenas estás dejando de ser niño, no podrías protegerme ni podemos vivir juntos, tus papás me van

a matar.> El metía su rostro entre sus pechos y casi escuchaba a José Alfredo Jiménez cantar: *"Siempre juntos, creció mi cariño/ y un día me gritaste/ me gustan los hombres, me aburren los niños/ y hay te voy a quebrar mi destino/ y en una cantina cambié mis canicas/ por copas de vino.."* También lloraba y le explicaba: "Vámonos de aquí, yo trabajaré duro para mantenerte…" pero ella lo interrumpía <No es fácil, mi nuno, mis padres me necesitan y tú tienes que estudiar. Yo soy mayor que tú y en unos diez años me vas a empezar a ver vieja y esto se acabará, si no es que antes.> "¿Es que no te das cuenta que todas las noches mientras tú estás con algún hombre, yo sufro mucho?" La cuestionaba y luego remataba: "¿Te gustaría que yo me dedicara a lo mismo?"

Entonces ella erguía la cabeza -con su espesa cabellera bien cuidada- y respondía: <Todavía no sé qué pueda pasar si te veo con otra mujer pero de una vez te lo digo, conmigo tienes todo lo que puedes andar buscando con alguna de esas chamaquitas mucas. Si quieres dinero, alguna camisa o algún pantalón, te lo puedo comprar; creo que no tienes por qué andar buscando aventuras con otra mujer; además yo soy una mujer hecha y derecha, en cambio si te enredas con alguna niña del pueblo puedes terminar casado como tantos otros y entonces sí, adiós mi nuno…> En su interior, aquél enamorado inicial sabía que ella tenía la razón pero la quería exclusivamente para él, lo estaban matando los celos, no se acomodaba a esa forma de amar, no entendía a José Ángel Bueza que en su poema decía: *"Era de otro, Señor, pero hay cosas sin dueño: las rosas y los ríos, y el amor y el ensueño. Y ella me dio su amor como se da una rosa, como quien lo da todo, dando tan poca cosa…"*

Cuando concluyeron las vacaciones del verano y se tuvo que regresar al internado, vivieron la noche más larga y a su vez más corta de la despedida, como si fuera el solsticio de invierno; por primera vez estuvieron en la casa de ella, donde muchas veces tocaron la puerta y le hablaron por su nombre. Todas las voces eran masculinas y por instrucciones de ella, él respondía simulando una voz gruesa: *"¿qué quieres?"* y el remedio funcionaba. Casi quebraron aquella cama hecha de pencas de palma, después se fueron a un sillón y terminaron en la hamaca hasta que escucharon que el molino ya había comenzado a trabajar. Cuando él le preguntó por sus papás, ella respondió: <Ellos duermen siempre en la casita de la cocina> luego vino el adiós. Con la complicidad de un amigo, muy temprano, antes de marcharse al internado, se escuchó a través del único tocadiscos que había en el pueblo: *De parte de un amigo que hoy parte con rumbo desconocido, complace para una señorita de las iniciales F.L. y para ella, "Ojitos engaña veinte" con el Dueto Las Palomas.* Nunca supo si aquella bella viuda se dio cuenta de que la canción estaba dedicada a ella.

Desde el internado él le mandaba en promedio tres cartas por semana y todas tuvieron contestación, aunque fueran de dos o tres renglones; sin embargo, al pasar de los meses el estudiante fue notando un descuido en sus respuestas y su sufrimiento aumentó al grado de que tuvo la idea de ir al pueblo a verla pero no encontraba un pretexto de suficiente peso, además de que no tenía el dinero para el pasaje. Meses después, un sábado en que la mayoría de los estudiantes se van a sus casas, mientras tomaba el desayuno, el guardia del internado le informó que en la entrada lo esperaba "su hermana", quien había ido a visitarlo. Él quedó totalmente sorprendido, pero su sorpresa fue mayor cuando descubrió que era la chica que tanto adoraba.

"La reconocí desde lejos, parecía una gitana –húngara, dicen en el pueblo–, con su falda larga de manta y blusa con encajes, típica de una oaxaqueña, unas grandes arracadas colgaban de sus orejas, traía una pañoleta roja atada al cabello y sus lindos labios pintados de

manera perfecta. En la muñeca de su mano derecha llevaba siete pulseras, al parecer de oro..."

Comenzaron con el clásico juego de palabras: "Tú, ese o nada", <nada el pato>, "pa toda la vida seré tuyo", <tú lloras cuando no estoy>, "estoy volviéndome loco sin ti", <sin tiburón no hay salpicón> "Picotazo es lo que estás buscando", <Buscando hombre, ando>, "ando volando bajo", <bajo de mi falda entraras...> Después se rieron efusivamente, se dieron un intenso beso, se estrecharon en un abrazo fuerte y se fueron a sentar en una banca protegida por la sombra de un árbol de framboyán. <Ya eres todo un hombrecito –dijo-, y ya se quebró tu voz> Él asintió y dijo: "Gracias a ti..."

De bajo de esas cejas tan espesas como manglares de El Estero, estaba un par de ojos infinitos, cual estrellas que se reflejan en el agua de un pozo y las pestañas largas y hacia arriba; su rostro terso como el canto del cenzontle y sus labios tan delicados y mansos contrastaban con los de él; era aquella chica –sin duda-, de otro linaje, de una raza diferente a la de él, de esa que la leyenda afirma que desciende de las nubes.

Le llevaba frutas, camarones, totopos, ropa y un perfume que el muchacho fue a dejar en el armario de su dormitorio; en tanto los pocos compañeros que se habían quedado ese fin de semana le gritaban: ¡Preséntala! ¡Qué buena está tu hermana! ¡Quiero ser tu cuñado! ¡Tu hermana está como paco! Y más palabrerías que él prácticamente ignoró. Salieron del internado y se sentaron en una pequeña rotonda que estaba frente al mar y después entraron a comer mariscos a un restaurante.

Por la tardecita, ella lo invitó a pasar la noche en un hotel y agregó: <No te preocupes, yo traigo dinero.> No se puede decir que durmieron, sino que pasaron una estupenda velada. Ella cantó un par de canciones a capela, porque tenía una formidable voz y le gustaba cantar, sabía cantar. En sí era una chica formada de las estrofas de una linda canción que se podía entonar en las siete notas musicales. Se tomó tres cervezas y a él lo sentenció: <Tú, toma refresco, no quiero que me recuerdes diciendo que conmigo te bebiste la primera cerveza…> "Tienes razón –repuso él-, pero después de ser tú la primera mujer en mi vida, qué te puedo reclamar…"

Así fue como al otro día, -domingo-, él amaneció entre sus brazos y paradójicamente por la bocina de la habitación ambos escucharon la voz de José Alfredo Jiménez: *Amanecí otra vez entre tus brazos, / y desperté llorando de alegría; / me cobijé la cara con tus manos, / para seguirte amando todavía. / Te despertaste tú, casi dormida, / y me querías decir no sé qué cosas, / pero callé tu boca con mis besos/ y así pasaron muchas, muchas horas…* Ellos cantaron su propia melodía al ritmo de sus cuerpos, primero bajo la regadera y terminaron en un pequeño sofá. Tuvieron como postre un rico desayuno, muy diferente al del internado.

Cuando estaban a punto de abandonar el hotel, ella abrió su bolso de donde sacó dos billetes de cincuenta pesos y discretamente lo puso entre sus manos y él en son de broma le susurró al oído: "¿me estás pagando por mis servicios de la noche?" <¡Ay no, mi nuno! Yo sé que lo necesitas para la escuela, tus cuadernos o tus zapatos> "Es mucho, dijo él, un par de zapatos cuesta doce pesos…" <Recíbelos –respondió ella-, es por tu bien, te van a servir…>

Él le dio las gracias y le depositó un manso beso en la frente; cuando abrió los ojos pudo ver unas gotas de lágrimas correr por sus mejías, entonces se abrazaron largamente y ella le dijo al oído: <En la bolsa de una de las camisas que te traje, encontrarás una carta, léela con calma y no es necesario que le des con-

testación…> luego se fundieron en uno de los besos más largos de esa historia de amor, dejaron el hotel y caminaron hacia la estación del tren.

Esperaron unas dos horas, mientras disfrutaron de unos raspados y otras golosinas, se abrazaron, se besaron y platicaron de muchas cosas. La gente los miraba con curiosidad, eran los tiempos en que no estaba dentro de la cotidianidad las parejas disparejas. Cuando por fin llegó el tren, él se subió con ella y le dijo: "Con gusto me iría contigo…" Ella sonrió y se concretó a decir: <Tienes trazado un camino, que si no te desvías llegarás muy lejos. Que nada ni nadie te haga desviarte, tus padres esperan lo mejor de ti…> "Tienes razón…" repuso él. Después se dieron el último abrazo y el último beso; en seguida él se apeó del tren y esperó a que arrancara, con la otra cara de la moneda. Ella en cambio, cuando el ferrocarril se puso en movimiento se paró de su asiento y por la ventanilla le lanzó un beso y le dio el adiós con la mano derecha, mientras se escuchaba el tormentoso silbido de aquella máquina que lentamente se alejaba de aquella estación llena de historias.

La carta sin fecha, escrita con tinta negra era muy directa: <Mi nuno, perdona por no tener el valor de decírtelo de frente, pero ya no me busques, ni me escribas. Me voy a vivir con un hombre que, como tú, merece respeto. Con el tiempo, estoy segura que lo amaré pero no creo que supere el gran amor que te tengo. Ódiame y olvídame si quieres, pero no tengo más explicaciones. Yo en cambio, te recordaré hasta el último día de mi vida porque me quedo para siempre con tus ojos, con tus manos, con tu sonrisa, con tu olor, con tu voz, con tus cejas y con los latidos de tu corazón. Me llevo de ti, el mejor recuerdo que un hombre le puede dar a una mujer; sin embargo, guardaré celosamente nuestro secreto y espero que tú también lo hagas. Escondido en

lo más íntimo de mi memoria, siempre estará el recuerdo de que alguna vez tuve un nuno, que me gustaba amamantar y que mis ojos vieron como mi leche maternal escurrieron por la comisura de sus labios. ADIÓS>

Con lágrimas en los ojos, aquel hombre, en pleno umbral de la luna llena, volvió a la realidad y cayó en la cuenta de que en efecto aquél fue un doloroso adiós que poco a poco lo fue convirtiendo en un vagabundo sentimental, un poco soñador, un poco poeta, un traficante de pasiones prohibidas y un alérgico a las magdalenas, pero un adicto a las mujeres hermosas; que tiene como máxima amorosa las palabras de Pablo Neruda en FAREWELL: *Para que nada nos amarre, que no nos una nada. Ni la palabra que aromó tu boca, ni lo que no dijeron las palabras. Ni la fiesta de amor que no tuvimos, ni tus sollozos junto a la ventana...*

EPÍLOGO

Cuando se tuvieron la suficiente confianza, él le preguntó por qué le decían *La Broza* y con una agradable sonrisa, ella respondió: <Esa gente que no sirve más que para fijarse en la vida de los demás; me pusieron así porque dicen que soy como la broza que rápido se enciende, como si ellos no se calentaran.> Entonces aquel jovencito cayó en la cuenta que en su pueblo, broza es ese conjunto de hojas secas, zacate o despojo de las plantas y que, en efecto, basta un cerillo para hacer con ella una quemazón.

EL AMOR EN TIEMPOS DEL WHATSAPP

UNO

El retintín del mensaje sonó en el teléfono de él como una onomatopeya de una cámara fotográfica:

-¡Hola!
-¿Qué me cuentas? (Emojis de sonrisa).
Procedía de un número que él no tenía registrado entre sus contactos y no respondió. De hecho su norma era no responder mensajes de números desconocidos, pero éste tenía lada de su pueblo y pensó que pudiera ser alguna persona conocida; sin embargo su estado emocional no estaba para responder mensajes. Tenía varios días sin dormir, perturbado, melancólico y con unas ganas de llorar, pero por lo pronto eso no era una opción para limpiarse el alma.

Al siguiente día volvieron a entrar otros mensajes:
-Hola ¿Estás bien?
-Sólo dime si estás bien.
-Sé que no estás pasando por un buen momento, pero tranquilo.
-No tengo otro interés más que apoyarte.
-Claro si tú me lo permites. (Sticker de "ni modo").

No había ninguna duda de que era una persona que sabía de él. Entonces contestó:
-Hola, si estoy bien. Disculpe por no haber respondido ayer, en realidad no tengo registrado su número.

-*Eso no importa mucho. Lo importante es que estás bien.*
-Bueno, en realidad no estoy muy bien emocionalmente pero, si no es mucha molestia, me podría decir su nombre.
-*Se puede decir que soy una admiradora tuya.* (Sticker de una mujer con la leyenda "soy tu fans número uno" y emoticón de sonrisa).
-Pero me siento mejor si me hablas de "tú".
-*No soy tan vieja para que me hables de usted. Ji, ji, ji.* (Sticker de un gato riéndose.
-De acuerdo. ¿Admiradora? Ah..., entonces eres mujer, pero creo que estás equivocada. No creo que tenga yo algo que puedas admirarme.
-*No te subestimes.*
-*Primeramente tienes vida, salud, trabajo, etc.*
-¿Qué más puedes pedirle a la vida? Lo demás son consecuencias de... (GIF de "Ni modo").
-En eso tienes razón. ¿Pero, qué puedo tener que sea digno de admirarse? A veces siento que no le importo a nadie. Hoy mismo estoy en la ruta de una terrible soledad.
-*El problema de los seres humanos es que muchas veces no saben valorar sus virtudes.*
-*Es más no saben que las tienen y viven quejándose de la vida.*
-*Tranquilo, todo tiene solución.*
-Menos la muerte. ¿No crees? (Stickers de un corazón roto y de Rafa Górgory).

Él intentó escudriñar subliminalmente la identidad de ella.
-Volviendo al tema de la admiración ¿qué me admiras?
-*Hmmmm..., muchas cosas.*
-*Buen hijo.*
-*Buena gente.*
-*Muy preparado.*
-*Creo que uno de los mejores de tu pueblo.*
-¿Cómo sabes tanto de mí?
-*Eres un hombre público.* (Sticker de un hombre con un sombrerito)

–Te sigo en el Facebook.
–Leo lo que escribes. (Emoticón de un tipo con lente leyendo).
–¿Cómo conseguiste mi número?
–Fue fácil.
–Me lo pasó el novio de mi hermana.
–Es de tu pueblo.
–Creo que hasta tu sobrino es. (GIF de "Ni modo").
–¿Cómo se llama?
–¡Uf! Haces muchas preguntas.
–Mejor dime ¿cómo te sientes?

Él estaba acostado en un viejo sofá mientras se efectuaba el rosario de la novena de su mamá. Se escuchaba como si las voces estuvieran extraviadas en un laberinto y en búsqueda de la salida rebotaban en las paredes del silencio y se entrelazaban entre ellas para llegar al mismo lugar.

<Dios te salve María, llena eres de gracia, el Señor es contigo, bendita eres entre todas las mujeres y bendito es el fruto de tu vientre, Jesús... Santa María, madre de Dios, ruega por nosotros los pecadores, ahora y en la hora de nuestra muerte, amen...>

Se quedó por un rato meditando, tratando de adivinar con quién dialogaba, hasta que le llegó el siguiente mensaje.

–Hola, te quedaste mudo. (Emoticón de un rostro con cierre en la boca).
–¿Quién eres en realidad? Me gustaría saber tu nombre, de dónde eres, cuál es tu intención, etc. ¿No se te hace que es el primer principio de honestidad?
–No necesariamente.
–El hecho que no te dé mi nombre no significa que sea deshonesta.
–Por ahora confórmate con saber que soy tu admiradora como muchas que tienes.

-¡Tienes un montón de admiradoras!
-En realidad eres un coqueto...
-Me imagino que dices que no estás bien emocionalmente porque hace tres días que falleció tu madre. (GIF de un rostro de mujer llorando).
-Me imagino lo que significa para ti ese dolor.
-Sin embargo, no necesariamente debes sentirte atrapado por la soledad.

En su intento por saber con quién conversaba, le hizo las siguientes preguntas:
-¿Sabes lo de mi madre? ¿Estuviste en el sepelio? ¿Quién eres en realidad? Por la lada de tu número deduzco que eres de mi pueblo o de la zona; pero he revisado tu perfil y tiene la fotografía de una rosa. Eso no me da algún indicio de tu identidad. Por cierto, muy bonita flor. ¿Por qué decidiste buscarme?
-La noticia corre rápido. (Sticker de "ni modo")
-Me encanta la naturaleza.
-Por eso siempre traigo flores o animales en mi perfil.
-No acostumbro a poner mi fotografía.
-Pero le estás dando mucha importancia a mi identidad.
-En su momento sabrás quién soy.
-Por lo pronto quiero que entiendas que.
-Quiero hacer menos difícil los momentos que estás pasando, mensajeándote
-Y que no te sientas tan solo.
-Pero si te molestan mis mensajes.
-O tienes a alguien que le moleste.
-Me avisas para ya no volver a mensajearte.
-No es eso, pero sigo insistiendo que es importante saber con quién se habla. No me molestan tus mensajes, tampoco tengo a alguien que le moleste; tengo libertad, pero por ahora estoy atrapado entre los brazos de una terrible soledad. No tengo buen humor.

En el umbral de la luna llena | 101

-*No entiendo.* (Emoji de "no entiendo nada")
-Ya me venía arrastrando un torrente de soledad por la ruptura de un idilio y con la partida de mi madre ese torrente se ha convertido en una aguda corriente que me está llevando hacia un precipicio sin fondo.
-*Ah ya..., bueno te dejo, ya entiendo. Hasta mañana.* (Gif de "buenas noches")
-Quien seas, descansa y que mañana tengas un lindo amanecer.
-*Gracias, igualmente.*
-*Sueña con tu ex, ji, ji, ji.*
-Con ella sueño, dormido y despierto.
-Ji, jaaaa (Emoticón de una carita con risa hasta las lágrimas).

<*Gloria al padre, al Hijo y al Espíritu Santo. Como era en el principio, ahora y siempre, por los siglos de los siglos. Amen.*>
<*Si por tu sangre preciosa, señor la has redimido, que la perdones, te pido, por tu Pasión Dolorosa... Dale Señor el descanso eterno y luzca para ella la luz perpetua...*>

DOS

Pasaron dos días y el teléfono de él no recibió ningún mensaje de ella. Sin embargo, él estaba más concentrado en su tristeza, que no reparó en eso. Cuántas personas envían mensajes y nunca se vuelve a saber de ellas, con más razón cuando no se sabe ni de quien se trata. Su mente estaba concentrada en su madre ausente y en las vueltas del novenario. De hecho, tenía más de mil mensajes sin responder. Al tercer día, mientras se llevaba a cabo el rosario de su madre, volvió a escuchar el clásico sonido de los mensajes de WhatsApp. Eran de ella:

–¡Hola!
–¿Cómo estás?
–¿Ya mejor?
–No te había mensajeado porque no había señal.
–No sé cómo esté en tu pueblo pero aquí es un desmadre la comunicación.
–Y eso que estamos en la era cibernética.
–Pero mi pueblo está todavía en la época del humo.
–Y por las noches la señal se va completamente.
–Ni para una emergencia.
–Al según porque están reparando la antena, pero al saber. (Sticker de "Ni modo")

Él no respondió de inmediato pero pensó: "me queda claro que no es del pueblo..." Esperó a que terminara el rosario para responder:

–¿Cómo se llama tu pueblo? Estoy bien, gracias por preguntar. Acaba de terminar el rezo y ahora están repartiendo chocolate con pan. ¿Gustas?

En el umbral de la luna llena | 103

Ella eludió la primera pregunta y respondió:
-*¡Ah malhaya, ja!*
-*je, je, je… (Emoticones de caritas sonrientes).*

Ese "ja" es un modismo de Ixhuatán, Cerrito, Chahuites Las Conchas, Río Viejo… en fin. Pero "ah malhaya" es clásico del pueblo. "No es fácil adivinar de dónde es, aunque debe ser de algún lugar circunvecino…" pensó él.

-¿Te puedo hacer una pregunta?
-*Sí.*
-¿Estuviste en el velorio o sepelio de mi mamá?
-*No. ¿Por qué?*
-¿Por qué no estuviste si dices que me admiras?
-*Porque el día que falleció no supimos.*
-*Hasta el otro día.*
-*Pero mi mamá tenía cita médica.*
-*Y yo la acompañé*
-¿Supimos, dices?
-*Sí, quiero decir mi mamá y yo.*
-¿Vendrás al velorio de los nueve días? Estás invitada.
-*Tengo muchas ganas de acompañarte.*
-*Pero trabajo.*
-*Es entre semana.*
-*El día que llevé a mi mamá al médico.*
-*Tuve que pedir permiso.*
-*Pero sólo dan uno a la quincena.*
-Comprendo. ¿Dónde trabajas?
-*En una farmacia.*
-*Por lo pronto.*
-*Mientras me llega mi título.*
-¿Cómo se llama la farmacia? ¿En dónde se ubica?
-¡Uf! Haces muchas preguntas.
-La última ¿Qué estudiaste?

No hubo respuesta, sino el modo conocido como "en visto" y el silencio continuó hasta el otro día.

-*Hola, buenos días.*
-*¿Qué haces?*
-¡Buenos días! Aún no me levanto de la cama.
-*Flojito.* (Emoticón de carita sonriente).
-Me he estado durmiendo tarde; me duermo en la cama de mi madre y tengo la sensación de que ella está a mi lado.
-*Me imagino. Debe ser un golpe duro.*
-Sí lo es. Aunque morir es natural como vivir, es muy difícil separarse del ser amado.
-*¿Verdad, que sí? Debe ser horrible. Me imagino que con el dolor de tu madre ya ni te acuerdas de tu ex...*
-En realidad, son dos tipos de dolor. Es como si te doliera de dos maneras y al mismo tiempo el corazón. No lo puedes hacer uno solo y tampoco dejas de sentirlos.
-*O sea que ¿todavía te duele haber perdido a tu ex?*
-Para serte sincero, aunque no sepa quién seas, sí. Me hubiera gustado que ella estuviera aquí, sentir un abrazo suyo, oír de ella una palabra de aliento o "un te amo" pero no es así. Me hubiera bastado con una llamada suya, con un "tienes que ser fuerte..." Sin embargo, no tengo nada que juzgarle, para mí lo más importante es que sea feliz.
-Pero si lo vemos por el lado real de las cosas, yo no perdí porque en verdad la amé y la sigo amando. Le di todo lo que estuvo a mi alcance para hacerla feliz y siempre le di su lugar. Ella perdió a un verdadero amor, pero no se ha dado cuenta.
-*No entiendo.*
-*¿Me lo puedes explicar?*
-*Por favor.*
-A ver si lo logro. Dice Julio Iglesias en su canción HEY que "es más feliz quien más amó..." Al decirte que yo no perdí es porque ella no me dio el amor suficiente. En cambio yo le di

todo mi amor, luché por ella por varios años, la perdía y la volvía a recuperar. Así fue en varias ocasiones. La penúltima vez la encontré muy lastimada, despedazada emocionalmente; curé todas sus heridas con amor, con ternura, con dedicación.
-Parafraseando a José Ángel Bueza: "…le di todo mi amor, como se da una rosa, como quien lo da todo, dando tan poca cosa…"
-*¡Wow!*
-Siempre estuve pendiente de ella, la acompañé en toda su carrera, en sus momentos difíciles. En fin, entonces pierde más porque mi amor siempre fue más grande. Su amor no fue suficiente. Sobre eso le escribí un poema mientras cuidaba a mi madre en el hospital.
-*¿Me lo puedes compartir, por favor?*
-*Me encanta leer poemas.* (Sticker de un rostro alegre).
-*En Facebook tenías unos en tu muro pero ya no están.*
-*Me gusta mucho uno que se llama NOS PERDIMOS.*
-*Me imagino que tus poemas son escritos para personas especiales.*
-En efecto, así es. Dame unos segundos y te lo enviaré.

Él busco entre sus archivos, después se lo envió en PDF.

-Allí te va, a ver qué te parece…

NO FUE SUFICIENTE

No fue suficiente haberme encontrado en tus ojos,
ni las noches estrelladas que nos regaló la luna…
No fue suficiente aquel tierno beso en tus labios rojos
ni la euforia del erotismo en las aguas de tu salífera laguna…
No fue suficiente el verso que se durmió en tus oídos,
ni las canciones de José Alfredo que te canté a capela…

No fue suficiente la flecha que a tu corazón lanzó mi cupido,
ni las coplas de amor con el aroma de la flor de la canela…
No fue suficiente haberte hecho adicta a la música de Joaquín Sabina
ni "Los veinte poemas de amor y una canción desesperada" de Neruda…
No fue suficiente haberte seducido entre las cálidas aguas marinas,
ni habernos entregado enteramente nuestras almas desnudas…
No fue suficiente el tesoro de "Campos de Castilla" de Machado,
ni los himnos de amor de tantas noches y de tantas madrugadas…
No fueron suficientes todas las lágrimas que por ti he derramado,
ni las muchas promesas de amor de aquellas noches estrelladas…
Nada fue suficiente. Si alguien perdió fui yo, ganó tu olvido,
pero el tiempo nos dirá quién de los dos es quien más ha perdido…

-¡*Wow!* (Emoticón de "Muy bien")
-*¿Me podrías hablar de ella?*
-No. Creo que no tengo nada que hablar de ella. En lo absoluto.
-*No me entiendes. No es que hables mal de ella, sino cómo es, cómo te trataba, por qué terminaron, etc.*
-Ah, ya entiendo, pero ¿por qué quieres saber?
-*Tal vez para entretenerte, para distraerte y sacarte un rato de tu tristeza.*
-Gracias. A pesar de no saber quién eres, te agradezco tus buenas intenciones.
-*¿La sigues recordando?*
-Sí, obviamente.
-*¿Y eso, por qué?* (Con su respectivo sticker).

Él se sintió atrapado en una ratonera, quería escapar pero las ganas de desahogarse le ganaron:

-Porque todavía la amo, la extraño y como dijera Neruda en su Poema 20: "Mi corazón no se contenta con haberla perdido…"
-*Veo que lees a Neruda.*
-Es uno de mis favoritos.
-*Entonces ¿Por qué la dejaste ir?*
-Así como decir que la deje ir, no. Quizás mi error fue consentirla tanto, porque la adoro, de tal manera que cuando no pude cumplirle un caprichito, tuvimos una discusión insignificante y esa fue la mecha que incendió nuestro terreno del amor. Me mandó a volar.
-*¿No crees que haya sido un pretexto?*
-No puedo hacer mía esa posibilidad porque no me consta. Me siento mejor pensar que no fui capaz de darle la suficiente felicidad, a pesar de mi gran amor por ella y puso fin a la relación que para mí era muy hermosa. Tengo presente su último mensaje lapidario: "Buenas noches creo que en la vida son ciclos y que el nuestro ya terminó. Sólo se quedan recuerdos y hay que aceptar y continuar. No es bueno vivir del pasado."
-*¡Uffff! ¿Qué sentiste?*
-Sentí que el mundo se me venía encima. No esperaba el golpe, pero al final he concluido que si es por su felicidad, no importa mi sufrimiento. Lo importante es que sea feliz, donde sea y con quien sea.
-*Quizás debiste rogarle un poco.*
-*A nosotras las mujeres, nos gusta que nos rueguen.*
-*Que nos demuestren que somos lo más importante para la pareja.*
-No me dio la oportunidad porque luego bloqueó mi número tanto para llamadas como para mensajes. Después fui a su casa con el pretexto de llevarle unos pescados, pero no salió. Los recibió un señor con un gesto adusto, me imaginé que era su papá.
-*Ah*
-*Mala onda, ja. Talvez no estaba.*
-Si me vio. De hecho ella le dijo al señor que fuera a ver que se me ofrecía. Y lo de mala onda, todo depende del cristal en que

uno se mire. Para mi podría ser mala onda, pero para ella puede ser el fin de un ciclo y el inicio de otro mejor. Así que no puedo juzgarla.
-*Veo que ante todo eres un caballero.*
-*Otro cualquiera ya estuviera hablando mal de ella.*
-No tengo nada de qué hablar de ella. A pesar de las rupturas, la pasábamos muy bien.
-*¿Cómo es eso?*
-*O sea ¿qué es pasarla bien para ti?*
-Bueno, quiero decir que salíamos a comer a lugares donde ella escogía, salíamos de vacaciones, nos divertíamos, etc., la miraba feliz.
-*¿Le comprabas ropa?*
-Le di todo lo que estuvo dentro de mis posibilidades. Si digo que la pasábamos bien es porque tuvimos pocas diferencias, pocos pleitos. Eso sí, se puede decir que cada pleito fue una ruptura, por más insignificante que éste fuera.
-*¿Y si era un pretexto para dejarte?*
-*Porque ya tenía otro pretendiente.*
-No lo sé ni ha pasado por mi cabeza esa posibilidad.
-*¿Alguna vez quisiste formalizar tu relación con ella?*
-*O sea, llegar a su casa, ser novio de permiso.*
-*Que sus papás supieran de ti.*
-No, nunca.
-*¿Y eso, por qué no?*
-Así lo convenimos.
-*Tengo una idea genial.*
-*Mándame su número*
-*Y si me lo permites me pondré en contacto con ella.*
-*Quizás te pueda ayudar, entre mujeres es más fácil la cosa.*
-No, no puedo hacer eso. No necesito una celestina, menos de quien no sé su identidad. Todos tenemos un destino escrito y lo que tiene que pasar, pasará. Aun así, te agradezco tus buenas intenciones.

-Eres un hombre extraño, muy extraño.
-La última frase de su estado que leí era: Recuerda que eres rara pero buena gente.
-Quizás te sientes bien así, pero en fin...
-Ya sabes que si te decides.
-Cuenta conmigo para ayudarte.
-Nomás me das su número.
-Y yo me encargo de lo demás.
-Piénsalo y anímate.
-Creo que no tengo mucho que pensar.
-Ok. Estamos pendientes. (GIF de "Hasta luego" con la manita de un gato).

"Me quedé llorando como un niño en la estación del olvido, mientras miraba tu tren partir. No sé dónde estás, ni siquiera sé cuál es tu destino pero extraño tus ojos divinos y tus labios tiernos como capullo de rosa de invernadero. Te siento en el aire que mueve las flores silvestres, oigo tu voz en el canto del cenzontle, veo tus ojos en la mirada de la golondrina y te llamo en el aleteo de las mariposas. No sé si esperarte o comenzar a olvidarte. Seguiré en la estación de la espera, por si regresa tu tren..."

TRES

-Hola amiga desconocida, como no me has escrito, quise romper el silencio. Debo reconocer que tus mensajes me hacen mucho bien.
-*No soy tu amiga desconocida.* (Emojis de enojada)
-*Te dije que soy tu admiradora.*
-*No te había mensajeado porque me imaginé que estabas ocupado.*
-*Ayer fue el novenario de tu mami.*
-*Y hoy es la levantada de la flor.*
-*¿Verdad?*
-Tienes razón, pero siempre tendré tiempo para contestarte, ya te dije que me hace bien recibir tus mensajes. ¿Crees que algún día merezca yo saber quién eres?
-*Depende*
-¿Depende de qué?

Ella cambió el curso del diálogo, inmediatamente.
-*¿Y qué me cuentas?*
-¿De qué?
-*De tu vida. Pienso que debes buscar a una nueva pareja.*
-*Si no quieres regresar con ella.*
-*Y no quieres mi ayuda*
-*Creo que lo mejor es buscar otra.*
-*No es bueno que el hombre esté solo, dice la biblia.*
-*Y dice el dicho popular que un clavo saca otro clavo.*
-Así dice el dicho, pero por lo pronto prefiero estar así. Todavía la amo y quiero honrar ese amor. No tengo humor para andar de conquistador. Quiero guardarle luto un tiempo, como el que le guardo a mi madre.
-*Ji, ji, ji..., tu guardando luto y ella ya debe andar con otro.* (Emoticón de risa hasta las lágrimas).
-*Tal vez ni se acuerda de ti.*

-Puede ser, pero si es feliz, con eso tengo bastante. Cuando se ama a alguien verdaderamente, uno se conforma con verla feliz. Además, aunque ella dijo que no es bueno vivir del pasado, no es fácil olvidar tantos momentos.
-*¿Anduvieron mucho tiempo?*
-Te contaré más tarde, ahora vamos al panteón a dejar las flores.
-*Ok. Estaré pendiente.*
-*Una disculpa.*
-Guárdame tamales. Ji, ji, ji... (GIF de risa)
-Tú dime a dónde te los llevaré y con gusto...
-*Es broma.*
-*No soy de tu pueblo.*

Más tarde se reestableció la comunicación:
-Hola ¿Qué haces?
-*Estoy lavando ropa.*
-Oh..., disculpa entonces, más tarde me avisas cuando ya estés desocupada.
-*Ji, ji, ji..., estoy usando la lavadora, así que puedo responder.*
-¿Es mucha ropa?
-*Algo.*
-Deberías ir al río a lavar.
-*No vivo cerca del río.*
-Ah...
-*¿Estás queriendo meter una para sacar dos?* (Emojis de un rostro pensativo)
-*Mejor cuéntame lo que te pregunté de tu ex.*
-Para mí no es mi ex, sigue siendo el amor de mi vida, aunque no esté conmigo. Me conformo con vivir de los recuerdos de tantos momentos y seguirla soñando.

Ella tardó en responder, cuando al fin lo hizo, preguntó:
-*Te pregunté si anduvieron mucho tiempo.*
-Sí, aunque ya en tres ocasiones nos habíamos separado, por

motivos similares. Sucedía lo mismo: se desconectaba o cambiaba de número y no volvía saber nada de ella. Pasado un tiempo, recibía su mensaje y era como un indicio de la reconciliación que después se daba.
-*Ah…, entonces puede pasar lo mismo.*
-*¿No crees?*
-No lo creo. Ella sabe cuánto la necesito y ya debió haberme dado una señal, pero nada de nada.
-*¿Alguna vez la trataste mal?*
-Es una pregunta que debería responder ella. Yo lo que te puedo decir es que tuvimos problemas como cada pareja, ella tiene su carácter y yo el mío; sin embargo, en los momentos más difíciles, estuve con ella, sobre todo cuando se enfermaba.
-La acompañé varias veces al médico hasta la ciudad de México, en medio de la pandemia, la apoyé con el gasto que no fue poco y soportamos casi un año la abstinencia sexual. Siempre la respeté, nunca le fui infiel, aunque alguna vez ella me acusó de eso y me terminó unos días pero creo que luego recapacitó y regresamos. Quizás eran momentos de celos.
-*¿Y tú no la celabas?*
-Claro que sí, pero me aguantaba para no hacerle escenas equivocadas. El peor resultado de los celos es juzgar a alguien por algo que no existe; entonces siempre evité demostrarle mis celos. Pero es imposible no celar a una mujer hermosa, joven, inteligente y con un buen porvenir.
-*¿Se puede decir que fuiste bueno con ella?*
-Eso no te lo puedo asegurar, sino ella. Yo solamente me concreté a darle lo mejor que pude. Eso digo yo, pero falta la opinión de ella. Tú también haces muchas preguntas.
-*Vamos a jugar de que te estoy entrevistando.* (GIF de una mujer riéndose).
-*¿Qué es lo que más te gustaba de ella?*
-Me sigue gustando. Todo: Su alma trasparente, disciplinada, responsable y sobre todo ordenada y limpia, no deja un traste sucio. Quedan pocas chicas como ella. Físicamente, su cabellera

extendida me mata, su voz, sus labios, sus manos suaves, sus ojos, su aliento, sus senos, de los que me enamoré a primera vista, sus nalgas, sus piernas, en fin..., todo. Hasta hace poco contemplaba una fotografía suya en su cuenta de Facebook, pero ahora ya no puedo acceder porque también me bloqueó.
-*¿Crees que te guarde rencor?*
-No lo sé, lo que sí creo es que es una forma de enterrar mis recuerdos y que no la distraiga en su felicidad. He llegado a pensar que fue dándose cuenta que no era yo el hombre que esperaba y fue en busca de su verdadera felicidad.
-*Estás muy seguro de que es feliz. ¿Por qué crees eso?*
-Porque la felicidad es la primera condición de lucha del ser humano, porque ella merece ser feliz, porque su felicidad es mi consuelo.
-*¿Cuál fue tú último mensaje a ella?*
-En realidad le mandé un poema.
-*¿Lo podrías compartir conmigo?*
-Dame unos minutos y con gusto.

Él buscó en el archivo de su teléfono. Luego copió el poema y lo pegó en el WhatsApp de ella:

MI ETERNA PRIMAVERA

Hasta pronto, eterna primavera,
te seguiré amando en total secreto,
como siempre, como la vez primera,
pero no te molestaré, te lo prometo...

Hasta pronto, ahora lejana estrella,
te seguiré amando en mi orbe de ficción,
te conservaré como la historia más bella,
eternamente..., como notas de una canción...

Hasta siempre mi hermosa primavera,
muchas gracias por ese mes de abril,
puedes ser feliz con quien tú quieras,
mientras yo espero mi último ferrocarril...

Te amaré en secreto, mi bella primavera,
sin tocar ningún pétalo de tu linda rosa,
en la distancia, en un mundo de quimeras,
sin palabras, como aman las mariposas...

Hasta siempre, hermosa primavera,
mi mayor deseo es que seas muy feliz,
que tu romance sea como tú lo esperas
y que en tu rosa se pose el mejor colibrí...

Hasta siempre, mi eterna primavera,
seguirás en mis sueños hasta mi final,
prendido de ti como una enredadera,
como un ave que permanece en su nidal...

Hasta siempre eterna primavera.
Ella respondió de inmediato.
-*¡Wow! Tienes tus virtudes.*
-¿Tú crees eso?
-*Sí, claro.*
-*¿Te respondió?*
-Sí.
-*¿Qué te dijo?*
-Que nuestro ciclo había terminado y que no es bueno vivir del pasado.
-*¿Y qué le respondiste?*
-Nada, porque ya no me dio tiempo. Me bloqueó.
-*¿Crees que ya tiene a otro?*
-No lo sé, pero si lo tiene, espero que sea feliz.

-¿No te duele?
-Duele su ausencia, su olvido, los recuerdos, pero reconforta su felicidad. Eso es más importante que mi soledad.

Silencio total, hasta el otro día.

-¡Hola guapo! (Emoticones de corazones rojos).
-¡Hola mujer misteriosa! Eres como la señal de mi pueblo.
-Ji, ji, ji..., ay tú ¿Por qué dices eso?
-Porque de repente se va sin ninguna explicación.
-Es que también en mi pueblo la señal es una porquería...
-Al parecer extrañas mis mensajes.
-Buena señal terapéutica. (Stickers de carcajadas)
-Bueno, casi no tengo con quien mensajear. Con mis amigos solamente el saludo mañanero o el de buenas noches, asuntos de trabajo, cosas sin importancia, en fin...
-¿Puedo preguntarte algo?
-Sí, claro.
-¿La extrañas?
-¿A quién?
-A tu ex.
-Para mí, sigue siendo mía, aunque yo no sea de ella y claro que la extraño.
-Te dejo, está entrando una llamada.

Ya no hubo más mensajes, sino hasta dos días después.
-¡Hola muñeco triste! (Emojis de rostro triste).
-¡Hola, dama misteriosa! Creo que rompiste el Récord Guinness.
-Ji, ji, ji... ¿Por qué tú?
-Te tardaste más de dos días hablando por teléfono.
-¡Gracioso!
-Estaba hablando y de pronto se fue la señal.
-Tú, crees.

-¿*A poco en tu pueblo no se fue?*
-No, milagrosamente.
-*Me decías que la extrañas.*
¿Eso quiere decir que la sigues amando?
-Es correcto.
-*¿Entonces por qué no la buscas?* (Emojis de "Qué pasa")
-Porque creo que no es lo que ella quiere. No debo pensar sólo en mí, sino en ella también. Ella tiene tanto derecho a ser feliz y yo no tengo el derecho de interponerme. Así la amo. Alguna vez leí algo así como: "Elijo amarte en silencio, porque en el silencio no encuentro rechazo…" No sé quién es el autor, pero es una frase que encaja bien en mí.
-*Oh ¡Qué hombre tan hombre!*
-*¡Así debes hacer el amor!*

Silencio total.

CUATRO

Al otro día, él despertó por el ruido que hacen los tocadiscos del pueblo anunciando principalmente comida, esquelas, comunicados de la autoridad municipal y hasta mensajes religiosos del pastor de alguna iglesia. Sintió que por primera vez había descansado plácidamente y recordó que había tenido varios sueños. Soñó que estaba en una fiesta con su mamá y sus hermanas, después soñó que era perseguido por un toro bravo y casi al amanecer soñó con su novia. Logró recordar que iban en un velero navegando en un mar azul y de pronto se aventaron al agua.

Como todos los días, escuchaba el retintín clásico de los mensajes de WhatsApp que le estaban llegando a su teléfono celular y sabía si era de algún grupo, de sus hijos o de alguien a quien él le había asignado una notificación personalizada. Añoraba ese sonido especial *Hit* que había escogido para los mensajes de WhatsApp de su exnovia, pero desde que ella lo abandonó ese eco desapareció de su dispositivo móvil. Añoraba a esa linda mujer que tenía registrado entre sus contactos como *Cuchurrumina*. Tomó su computadora laptop, abrió el programa de Word y se puso a escribir el siguiente poema:

SUEÑOS

En la sobriedad de mis sueños,
tan cortos como el bostezo del olvido,
he soñado que soy tu dueño
y que voy navegando contigo,
llevando a la luna como testigo,
de una interminable aventura,

en un velero con el ancla a la pendura
y envueltos en la sábana de la locura...

Sueño que va conmigo la estrella del oriente,
desesperada ella, pero yo paciente,
de esperarte, de que llegues de repente,
como llega el filamento de un suspiro,
como el ruido del silencio en el retiro,
en ese sueño llegas y te quedas conmigo,
en ese sueño, sueño que duermo contigo...

También sueño navegando en la laguna,
juntos tú y yo, abrazados con la luna,
y vemos como el amor enciende la fogata
y escuchamos a lejos una linda serenata...
el velero sigue navegando viento en popa,
en tanto nos tiramos al agua, ya sin ropa,
sueño que la onda de las olas no nos toca,
sino que se aleja cuando te beso en la boca...

Sueño que recorro tus curvas seductoras,
en constante movimiento, como la aurora,
y siento la humedad, no sé si de las olas,
o del torrente de tu misteriosa caracola,
sueño que la bella noche es de plenilunio,
que no tiene final, que no tiene infortunio,
tú, con tu hermosa primavera por delante
y yo con mi luna en cuarto menguante...

De pronto despierto sin ti y sin la luna,
sin tu aliento, sin el velero en la laguna,
sin la humedad de tu misteriosa caracola,
sin tus movimientos, semejante al de las olas,
sueños que inician en una noche estrellada,

y terminan en el silencio de la madrugada,
son sueños que sueño, no por casualidad
y espero que tú, solo tú, los hagas realidad.

Como seguía inspirado escribió algo en prosa:

No sé dónde estás amor mío, pero espero que estés bien. Yo estoy aquí en mi triste desvarío, en espera de que regrese nuestro tren. A veces quiero ir a buscarte, en los andenes de la última estación, pero sé que no voy a encontrarte, porque ya eres sólo una bella ilusión. Donde quiera que estés amor mío, quiero que seas muy feliz, que nunca tengas noches de frío y que jamás se termine tu mes de abril...

Hasta después del desayuno fue que recibió el primer mensaje de ella de ese día:
-*¡Hola! Creo que te ofendí con mi último mensaje de ayer.* (Sticker de un rostro apenado y con la mano en la frente).
-En realidad no, de hecho ya te agregué a mis contactos como Psicóloga Personal.
-*Ji, ji, ji... ¿Y eso?*
-Debo reconocer que sin saber tu nombre, ni quién eres (porque puedes ser hombre o mujer, todo es posible), me hace bien platicar contigo. No sé por qué presiento que al final de todo, estas conversaciones serán terapéuticas para mi estado emocional. Me estás distrayendo del dolor por la pérdida de mi madre y al mismo tiempo estás purgando mi corazón del dolor que causa la pérdida de un amor. No sé si es tu propósito o es una bendita casualidad.
-*Uffff me encantan tus palabras.* (Emojis de sonrisa)
-*¿Crees que puedas olvidarla?*
-No quiero eso. Entre tantas cosas, me hace bien extrañarla, sobre todo cuando ya me voy a dormir. Pienso en ella al despertar, a todas horas, cuando paso por Ixhuatán, cuando paso por

Reforma de Pineda, cuando voy al río a la playa, en fin…, me hace bien pensar en ella. Finalmente creo que olvidarla podría ser del modo como dice Joaquín Sabina.
-*¿Cómo así?*
-Sabina dice que: "La mejor manera de matar a alguien en tu corazón, es dejarlo morir lentamente en tu mente. Sin nombrarlo, sin llamarle, sin escribirle, sin buscarle. Que muera poco a poco, en agonía lenta para que no reviva. Si lo dejas morir abruptamente, revivirá a cada instante. Siéntelo, llóralo, súfrelo, pero no eternamente…"
-*No sé quién sea ese tal Sabina*
-*Pero ¡Wow!*
-*Ahora entiendo.*
-*¿Y cómo ella pudo olvidarte abruptamente?*
-Eso no lo sé. Quizás su amor no fue suficiente, talvez cayó en la cuenta que no soy lo mejor para ella. En realidad no lo sé. De vez en cuando, desde el teléfono de algún amigo, reviso su cuenta de WhatsApp y leo el texto de su estado y me confunde. El último que leí, dice: "Me besas y el tiempo se detiene. Soy tuya pero tú no eres mío…" Quiero pensar que es para mí, pero también pienso que es de un nuevo amor y luego me consuelo con la posibilidad de que es para mí, tomando como argumento que cualquier otro es muy pronto para amarlo y que ya no sea de ella. El amor es tan complejo, extraña Psicóloga Personal.
-*Ji, ji, ji…, no me digas así.*
-Entonces dime tu nombre. Creo que ya merezco saberlo.
-*Podría mentirte y darte un nombre falso pero no tiene caso.*
-*Creo que es mejor que esperes.*
-*Ya falta poco para revelarte mi identidad.*

En lugar de responder, él le envió un *sticker* de "muy bien" con el dedo pulgar hacia arriba de una mano.

-Aparte de MI ETERNA PRIMAVERA ¿Le escribiste algo más?
-Sí ¡Por supuesto! De alguna forma era mi fuente de inspiración.
-¿Era?
-¿Ya no lo es?
-Bueno, lo sigue siendo.
-¿Sería mucho pedirte si me lo puedes enviar?
-Me resulta interesante lo que escribes.
-No eres un tipo cualquiera.
-Ya revisé tu perfil en Facebook.
-Allí te va.

LA ROSA IXHUATECA

Un día de Candelaria pasé por Ixhuatán,
y una extraña pero bella mariposa,
me llevó hasta la entrada de un zaguán
y allí me presentó a la más linda rosa...

Entre el pistilo de esa hermosa flor,
me puse a cantar La Martiniana,
de Andres Henestrosa, el escritor
y me hizo acordarme de Na Juana...

En mi querido pueblo también se dan,
muchas clases de racimos para adorar,
pero ninguna como la flor de Ixhuatán,
que ese día me encontré en aquel rosal...

Desde entonces transito por Ixhuatán,
a venerar a mi consentida y bella rosa,
que conocí en la entrada de un zaguán,
donde me llevó aquella linda mariposa...

–*¡Wow!*
–*Ixhuateca, la desafortunada.*
–Ah caray… ¿Por qué desafortunada?
–*Porque no sabe lo que perdió.*
–*Eres un gran poeta.*
–¡Gracias! (con sticker alusivo).
–*Mándame otro, por fa…*
–Dame unos minutos.
–*Ok poeta de las mil islas.*
–¿Y eso?
–*Sería un buen nombre artístico.*
–No me agrada tanto. Me gustaría más: Poeta de Isla Bella.
–*Okey, poeta de Isla Bella.*
–*Quiero que te sientas bien.*
–*Relajado, suelto, animado.*
–¡Gracias! Allí te va…

VAMOS A PERDERNOS

Vamos a perdernos, rosa bella,
por los andenes de la euforia,
sin límite de tiempo, sin memoria,
sólo con la luz de una linda estrella…

Vamos a perdernos, mujer buena,
en una isla lejana y deshabitada,
en los regazos de la madrugada,
y en el lecho de la tibia arena…

Vámonos muy lejos amada mía,
donde no nos aten las cadenas,

donde no nos alcancen las penas,
ni el desamor, ni la melancolía...

Ven a mi mundo solo para dos,
ponte el traje de la Magdalena,
y baila conmigo bajo la luna llena,
como si yo fuera el hijo de un dios...

Vámonos lejos de todas las miradas,
envueltos en el silencio nocturnal,
en un lugar sin dios, ni bien, ni mal,
Vamos a perdernos, mujer amada...

Y en la penumbra de la luna tierna,
tú empiezas por el andén de mi espalda,
y yo sin necesidad de desencajarte la falda,
terminaré en el vórtice de tus piernas...
Vámonos lejos, candor de luna llena,
embriagados por el efecto del champán,
tú, vencida por la lujuria de Magdalena,
y yo mártir de la maestría de Don Juan...

-¡Wow!
-¡Angelita afortunada!
-Y nunca lo supo.
-¿Puedo confesarte algo?
-Si así lo consideras.
-Me mojé (sticker de varias caritas sonrientes)
-Ji, ji, ji...
-¿Y eso? No es un poema erótico.
-¿Qué tal si lo fuera?
-Me orgasmeo. (Sticker de caritas apenadas)
-Perdón por la confianza.

-*Ya qué*
-*¿Y si se perdieron?*
-Algunas veces.
-*¿Y si ella comenzaba por tu espalda?*
-*¿Y tú terminabas en el vórtice de sus piernas?*
-Por cierto ¿qué es vórtice?
-*¿No es vértice?*
-Vórtice es una masa de agua o aire en movimiento, pero en términos marinos así se le conoce al ojo de un huracán. Es obvio que en el poema es una figura poética.
-*¡Ya sé! No soy tan tonta.*
-*Pensé que era un error de dedo.* (GIF de Homero Simpson riéndose de un error).
-No, vértice es otra cosa. Es un punto dónde coinciden los dos lados de un ángulo.
-*Oye y ¿haces el amor rico?*
-Esa pregunta no te la puedo responder.
-*¿Pero ella qué te decía?*
-No te lo puedo decir.
-*Hmmmm* (Stickers de admiración).
-*¿Te acuerdas de la última vez?*
-*¿Dónde fue?*
-¿Dónde fue, qué?
-*¿Dónde hicieron el amor?*
-*¿O dónde se entregaron por última vez?*
-Qué preguntas haces, extraña psicóloga.
-*¿O ya te olvidaste?*
-Cómo olvidarlo. Siempre hacíamos locuras, fue en la camioneta, a la orilla del río, a plena luz del día. A ambos nos gusta la adrenalina intensa.
-*Ji, ji, ji...*
-Adrenalina intensa.
-*¿Alguna vez te propuso un trío?*
-*¿O tú a ella?*
-No, nunca tuve la oportunidad de llevarle serenata.

-*Te estás haciendo tonto ¿eh?*
-*Sabes a qué me refiero.*
-*Pero déjalo así.*
-*Oye ¿Conoces a Maritza Aquino?*
-No la recuerdo. ¿Cómo es ella?
-*¡Olvídalo!*
-*Maritza dice que te conoce y que conoce a tu ex.*
-Oh ¿sí?
-*Dice que una vez fueron a una mariscada a La Taberna del Tío Luis.*
-*Allá en tu pueblo.*
-*Pero lo que más me llamó la atención es que me dijo*
-*Que ella se moría de envidia por la forma en que*
-*Tratabas a su amiga.*
-*Que eres todo un personaje.*
-*Si no fuera mi amiga, se lo bajaba, me dijo.*
-*Ahora creo que no sabe que ya terminaron.*
-*Aunque me pidió tu número*
-*Pero no se lo di. Está bien tonta…*

CINCO

Hubo un silencio de un par de días. Como que ambos jugaban a quién escribiría primero. Él inició la conversación mucho antes del amanecer pero al despertar se dio cuenta que el mensaje enviado solo tenía una "palomita" por lo que dedujo que ella no estaba "conectada" o no tenía señal. Hasta después de las doce del día en que su madre cumplía 20 días de su partida, cuando se produjo la siguiente conversación:

-Tengo que reconocer que extraño tus terapias.
-*Ji, ji, ji...*
-*¡Jaque!*
-*El siguiente paso es la fisioterapia.*
-No entiendo.
-*Sí, vernos. Contacto físico...*
-*Perdernos, como en tu poema.*
-*Y que empieces por mi espalda.*
-*Como con ella.*
-*Quiero sentir tu lengua por todo mi cuerpo.*
-*Cuello, oídos, brazos, piernas, nalgas, culo...* (Sticker de un hombre besándole el ano a una mujer).
-*Orejas, vagina.*
-*Que me chupes los dedos.*
-*Que me ahorques.*
-*Que me nalguees.*
-*Que me montes.*
-*Después quiero que me beses en la boca y en los senos mientras me masturbas.*
-*Quiero que conmigo te olvides de ella.*
-*Quiero terminar varias veces en tu boca, que me hagas gritar.*
-*Así, mira.* (Sticker donde un hombre le hace el sexo oral a una mujer).

-Ya me lo estoy imaginando.
-Y ya debes imaginarte cómo estoy. (Stickers de una mujer con los ojos en blanco).
-Fui a tu pueblo.
-A ver a una amiga de la prepa.
-Para que me prestara uno de los libros que escribiste.
-Lo leí todo.
-En el capítulo 5
-En las páginas 91 y 92.
-Haces una descripción de cómo le practicas el amor a la chica fresa.
-En Tapana.
-No tengo dudas de que.
-Eres un maestro haciendo el amor.
-Ahora yo quiero estar en el lugar de esa chica fresa.
-Aunque no sea en Tapana.
-Aunque sea Reforma, el río o en tu camioneta.
-Pero vamos a perdernos.

No hubo respuesta de él y ella preguntó:

-¿Por qué no me respondes?
-Mi silencio significa que eso no puede ser.
-¡No me digas!
-¿Eres gay?
-O qué onda.
-Sencillamente creo que no estoy listo para tener una nueva relación.
-Si no quieres, no vamos a tener una relación.
-Sencillamente lo hacemos y ya.
-Podríamos hacerlo y no volvernos a ver jamás.
-No hay primera sin segunda. No puedo, no quiero, no tengo ganas, aún la amo.
-Yo haré que dejes de amarla.
-No quiero eso, quiero seguirla amando, seguirla extrañando, seguirla soñando.

–*Pero ella no te merece.*
–*Eres un verdadero pend…*
–Ella no me ha pedido que la siga amando. Es una decisión personal.
–*Eres un verdadero tonto.* (Sticker de un buey)
–*Por no decir otra cosa.*
–*¿Quieres que te mande una fotografía para que veas que tan bonita soy?*
–*Muchos quisieran andar conmigo.*
–*Tengo varios pretendientes.*
–*Pero me gustas tú.*
–Pero ni siquiera me conoces.
–*Eso no tiene mayor relevancia.*
–*Yo también te puedo hacer sexo oral y que termines en mi boca.*
–*Me beberé tu leche.* (Sticker de una mujer haciéndole el sexo oral a un hombre).
–*Anda, no me desprecies.* (Sticker de caritas con lágrimas).
–*¿Quieres que vaya a buscarte a tu casa?*
–No lo tomes así. Sencillamente no puedo serle infiel. La fidelidad consiste en la integridad en cualquier circunstancia.
–*Pero si ya te terminó.*
–*¿Qué esperas?*
–*¿Qué vuelva?*
–No, eso está claro, pero es mejor así. Si sigues insistiendo, me verás obligado a bloquearte.
–*¡No, por fa!*
–*Sólo eso me faltaba.*
–*No se te ocurra bloquearme.*
–*Porque iré a tu casa a buscarte.*
–*O te voy anunciar en el tocadiscos.*
–*Una mujer enamorada es capaz de todo.* (Sticker de "Ni modo").

Él se quedó meditando y por fin respondió:
–¿Cómo puedes estar enamorado de mi si ni siquiera nos hemos tratado en persona?

-Eso no tiene importancia.
-Eso era antes, ahora las cosas han cambiado.
-Actualízate, admirado poeta.
-Mañana te tendré una sorpresa.
-No me envíes mensajes, hasta que yo lo haga.
-¿Sale?

Él ya no respondió pero quedó completamente sorprendido. ¿Quién era en realidad aquella persona? ¿Estaba jugando con él? ¿Quería meterlo a una trampa? Intentó echarse una siesta después de la comida y no pudo. Se fue a Playa Vicente en su camioneta, se puso a contemplar el mar, intentó escribir algo pero fue inútil. Volvió a su casa, pero antes pasó al panteón a visitar la tumba de sus padres, se sentó en el atrio de la tumba a meditar. Estaba como embriagado por un vino sin marca, sin sabor y sin color.
Por la noche no pudo dormir, daba vueltas sobre la cama y tenía la impresión de que no transcurría el tiempo, hasta que escuchó el canto de los gallos anunciando el nuevo día. Revisó su teléfono y observó que la última "conexión" de ella había sido las 20:23 del día anterior. Tuvo la intención de enviarle un mensaje pero se detuvo. No podía perder otra vez, así que esperó. Aproximadamente a partir de las 12:00 horas le comenzaron a llegar a su teléfono los mensajes:

-¡Hola!
-¿Cómo estás?
-Buen día.
-Quiero verte.
-Pasa por mí a las dos.
-Para que me invites a comer.
-Y luego perdernos.
Estaba escribiendo el mensaje de respuesta, cuando de pronto apareció la fotografía en el perfil de ella e inmediatamente después entró un mensaje de voz:

"Hola, pasa por mí en el mismo lugar de siempre, ya te dije que a las dos. Te pido perdón o disculpas por haberte puesto a prueba. Ya comprobé que me amas, pero también comprobé con tu ausencia, que te amo como no tienes idea, pero quería estar segura de ti, ya que mucha gente me ha dicho que eres un mujeriego de marca. A partir de ahora no te dejaré por nada del mundo y seré tuya siempre y si tú me dejas algún día, me arrastraré a tus pies. Es más, ya llévame a tu casa y si es posible, yo te mantengo. Por eso trabajo. Te quiero bien bañadito nuno mañosito. Te ama tu Cuchurrumina…"

Juan Cruz Nieto

Nació en la isla bella de San Francisco del Mar, pueblo indígena enclavado en un rinconcito del Istmo de Tehuantepec, Oaxaca. Es Ingeniero Pesquero, Licenciado en Derecho, Maestro en Administración y Doctor en Educación. Es profesor de tiempo completo en el Instituto Tecnológico de Salina Cruz, Oaxaca, que depende orgánicamente del Tecnológico Nacional de México de la SEP. Dentro de sus obras publicadas se encuentran: *El Señor Carrizo, Matemos al Presidente* (con beca del Fondo Nacional para la Cultura y las Artes, 2003), *Memorias de un Sueño* y *La Agonía del Último Nahual*. Ahora nos deleita con En el Umbral de la Luna Llena.

Made in the USA
Monee, IL
28 May 2024

59054412R00080